U0571466

·物流与供应链丛书

城市配送网络优化

URBAN DISTRIBUTION NETWORK OPTIMIZATION

陈红丽　潘奕搏　丁丽娟　王在刚◎著

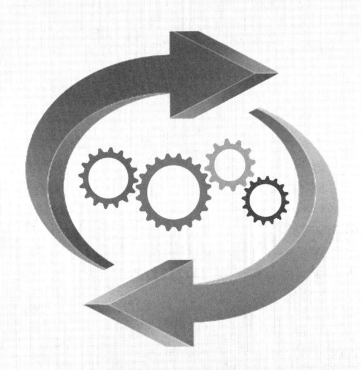

本书由北京市教育委员会社科重点项目"环首都流通圈三级配送网络集成优化研究"（SZ202010037019）资助。

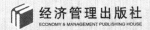

经济管理出版社
ECONOMY & MANAGEMENT PUBLISHING HOUSE

图书在版编目（CIP）数据

城市配送网络优化／陈红丽等著. —北京：经济管理出版社，2023.6

ISBN 978-7-5096-9058-1

Ⅰ. ①城… Ⅱ. ①陈… Ⅲ. ①物资配送—网络化—最佳化—研究 Ⅳ. ①F252.2

中国国家版本馆 CIP 数据核字（2023）第 105631 号

组稿编辑：王光艳

责任编辑：王光艳

责任印制：黄章平

责任校对：徐业霞

出版发行：经济管理出版社

　　　　　（北京市海淀区北蜂窝 8 号中雅大厦 A 座 11 层　100038）

网　　址：www. E-mp. com. cn

电　　话：(010) 51915602

印　　刷：北京市海淀区唐家岭福利印刷厂

经　　销：新华书店

开　　本：720mm×1000mm /16

印　　张：13

字　　数：201 千字

版　　次：2023 年 6 月第 1 版　　2023 年 6 月第 1 次印刷

书　　号：ISBN 978-7-5096-9058-1

定　　价：68. 00 元

· 版权所有　翻印必究 ·

凡购本社图书，如有印装错误，由本社发行部负责调换。

联系地址：北京市海淀区北蜂窝 8 号中雅大厦 11 层

电话：(010) 68022974　　邮编：100038

前　言

　　物流，简言之为物体的流动。当然，其不是任何物的任意流动，需要社会属性、"商物分离"经济特征、主观意识的约束。结合具体的经济管理环境，物流属于服务业的范畴，现代物流产业对国民经济发展的支撑保障作用显著增强。因此，物流除本身的特性外，还需要加上服务的特性——无形性、不可储存性、生产消费同步性、差异性、知识与技术密集性。物流被称为继资源、人力领域之后的"第三利润源泉"，是国民经济的基础产业，在区域经济发展中发挥着"推进剂"作用。对一个城市的经济社会发展来说，加快现代物流的构建和发展对于减少经济运行成本、提高经济运行的质量和效益、优化资源配置、改善投资环境、促进经济结构调整、提高城市综合实力，都具有十分重要的意义。

　　城市物流配送网络系统是一个涉及领域非常广泛的综合系统，它涉及仓储管理、交通运输、流通加工、货物配送、信息服务等诸多领域，正朝着集成化、信息化、市场化、专业化、一体化、国际化等趋势方向加速发展。同时，城市物流配送网络系统又是一个开放的复杂系统，影响其发展的内外部因素很多，因此，对城市物流配送网络系统进行科学的规划设计显得尤为重要。城市物流配送网络系统规划不仅有利于提升物流整体服务水平、降低城市综合物流成本、促进物流业全面持续健康发展，也有利于解决城市日益严峻的交通拥堵和环境污染等问题，还有利于提升城市环境、品位和形象。当前，我国城市物流配送网络组织的管理水平还比较低，我国对城市物流配送网络的研究还比较落后，积极借鉴国外先进的城市物流配送网络经验和理论方法研究成果，是提高我国城市物流配送网络竞争力的有效途径。本书的研究成果是既定背景下的研究成果，可以直接运用到现今的物流相关行业中。同时，本书的研究成果可以随着应用环境的变动而进行调试，也可以运用到其他的行业甚至未来的一些经济环境中。

本书第一章系统地介绍了城市配送网络的概念、结构和类型，网络优化要素，网络优化理论，网络优化算法等基础理论。第二章系统地研究了农产品供应链体系及农产品物流供应链模型，并根据北京市最新规划与环首都流通圈的规划，整合京津冀地区物流配送资源，构建了以"一核"消费市场为导向、"双层+多中心"物流配送节点建设为重点、京津冀地区交通网络为依托的环首都流通圈鲜活农产品三级物流供应链系统。首先，运用 CLRIP 优化模型对环首都流通圈物流供应链的配送中心选址、路径、库存控制进行协调优化，建立鲜活农产品配送中心空间布局优化模型。其次，以北京市六环附近已建配送中心及拟建配送中心为备选配送中心点，以河北省盐山县的鲜活农产品物流基地为产地，验证优化模型的可行性和实用性，为环首都流通圈配送中心提供最优空间位置布局、配送路径和库存水平点，在成本可控下实现最优选址—路径—库存，形成多个"组团式"的配送中心空间布局。第三章从物流网络集成优化的角度出发，对生鲜冷链配送中心选址、库存控制和路径规划三个因素综合考虑，构建了模糊随机需求下生鲜冷链配送中心布局优化模型；同时，参考北京市最新规划与环首都流通圈的规划布局，以首衡河北新发地农副产品物流园为物流基地，以北京市西南区域范围内聚类形成的 14 个商圈为末端配送网点，得出生鲜冷链配送中心最优的选址—路径—库存方案。第四章以 MT 企业在北京市通州区生鲜电商末端配送网点布局为例，构建了基于时间满意度的生鲜电商城市末端配送网点布局双层规划模型，通过实地调研以及数据分析，采用带经营策略的非支配排序遗传算法对上述模型进行求解，并对求解情况进行对比与分析，为生鲜电商城市末端配送网点布局优化提供了实用可靠的参考方案。第五章在 2021 年《"十四五"冷链物流发展规划》的基础上，将北京市 39 个大型商圈作为京津冀城市群的客户需求点，将 6 个现有的冷链配送中心和 4 个拟建的冷链物流配送中心作为备选配送中心，将天津市武清区北部的天津武清蔬菜批发市场作为物流基地，运用重心法、禁忌搜索法等相关算法对京津冀城市群冷链物流配送网络选址—路径—库存问题进行优化，通过对各方案的归纳比较，最终确定了成本最小化的解决方案，为城市冷链物流配送网络优化提供了实用可靠的参考方案。

本书内容详细，使用大量图表，图文并茂，易于阅读和理解。结构安排上，采用逐层递进法，从服务科学出发，层层加深，条理清晰，概括全面，既可全面使用各部分又相对独立。读者通过对本书的学习，可以系统地掌握城市配送网络的基础知识和理论，熟悉城市配送网络规划基本工具和方法，为在实际工作中做好城市配送网络规划奠定良好基础。掌握相关的基础知识和方法，融会贯通，可以将所学知识灵活应用于其他领域。

感谢北京物资学院的师生们，在此对他们的辛勤劳动一并表示衷心的感谢。第一章由陈红丽、潘奕搏、丁丽娟、王在刚撰写；第二章由陈红丽、张丽丽、焦文殊、任晓秀、赵爽、杨海波撰写；第三章由丁丽娟、陈红丽、丁五犇撰写；第四章由王在刚、刘思瑶、陈红丽、魏孟洁、陈佳慧撰写；第五章由潘奕搏、陈红丽撰写。感谢同行学者、专家，在此对他们在物流配送网络优化领域取得的研究成果表示由衷的祝贺。本书在撰写工作中，参考了有关书籍和论文资料，在此向其作者表示衷心的感谢。感谢经济管理出版社对本书出版的大力支持。

本专著得到北京市教委社科重点项目"环首都流通圈三级配送网络集成优化研究"（编号：SZ202010037019）的资助。

由于笔者水平所限，错误和不足之处在所难免，敬请读者和同行学者、专家批评指正。

笔者
二〇二三年新春

目　录

第四章　末端配送网点布局优化

——以生鲜电商城市配送为例 …………………… **095**

第一章

城市配送网络优化理论基础

第一节

城市配送网络的内涵

一、城市配送网络的概念

城市配送网络是城市中由各级配送网络节点和通道以及所属经济"组织"构成的相互联系、相互作用的系统结构形式。城市配送网络在形成过程中,在各种"组织"的协调动作下,社会经济要素在"节点"上集聚,并由线状基础设施联系在一起形成"轴线"。"轴线"对附近区域有很强的经济吸引力和凝聚力。"轴线"上集聚的社会经济设施通过产品、信息、技术、人才、金融等,对附近区域起到扩散作用。扩散的物质要素和非物质要素作用于附近区域,与区域生产力要素相结合,形成新的生产力,推动社会经济的发展。在区域经济发展的过程中,"轴线"上一般会形成产业聚集带。由于不同地区的地理基础与经济发展特点的差异,城市配送网络在形成过程中具有不同的内在动力、形式及等级规模,在不同的社会经济发展阶段,城市配送网络的空间结构呈现不同的形态。

一般来说,城市配送网络是指在一个城市范围内进、出该城市的货物运输、储存、装卸、包装、流通加工、配送以及相关的信息传播活动过程中形成的网络体系,是系统化、集成化和一体化的网络组织,其涉及的主要部分有城市配送网络节点和城市配送网络通道。

(一) 城市配送网络节点

在商贸流通领域,物流节点主要包括物流基地、配送中心和末端配送网点。物流基地是多级配送网络的一级物流节点,规模最大、功能最全、设施完备，大多建立在城市交通便利、地租较低的城郊，能够衔接多种运输方式，其布局的合理与否将会影响城市配送网络的构建。配送中心规模次之，主要提供集货、分拣、包装、流通加工、装卸搬运、信息处理、配送等服务，设置在城区或近郊区，专业性较强，衔接供应链上下游，是城市配送网络优化的主要节点。末端配送网点是为解决"最后一公里"问题而发展起来的，有多种形式，如各类商业门店、前置仓、自提点等，以及本书所谓的"客户需求点"。不同行业的末端配送网点有不同的类型与表现形式，最大的特点是靠近居民社区，可以及时响应客户需求，为客户提供包装、配送、收发代取、自提等服务，布局较为密集，能有效缓解城市末端配送的压力。

（二）城市配送网络通道

城市配送网络通道主要由不同等级的干线通道和支线通道构成，干线通道通行能力大，通行效率高；支线通道交叉节点较多，车流量大，通行能力相对较小，通行压力大。不同等级的交通线路交织在一起构成复杂的道路网络。

二、城市配送网络的结构

结构一般指系统或网络结构，是系统或网络内部各组成要素之间相对稳定的联系方式、组织秩序及时空关系的内在表现形式。配送网络结构构成取决于网络中的要素，这些要素之间的内在关系及其表现形式的综合，由这种综合性引致城市配送网络的一种整体性规定。

城市配送网络结构就是城市配送网络内部各组成要素之间相对稳定的联系方式、组织秩序、时空关系的内在表现形式，反映的是城市配送网络的内部关系，即内在规定性。城市配送网络要素的有机联系是城市配送网络结构的基础。城市配送网络结构是多样的和复杂的，强调的是在配送网络中，物流要素之间的相互联系、相互作用。

由于城市配送网络涉及众多要素，相互关系较为复杂，目前研究的城市配送网络结构一般是指狭义的城市配送网络结构，即区域物流网络的空间布局。本书研究的城市配送网络结构也是指狭义上的区域配送网络空间布局，如图1-1所示。

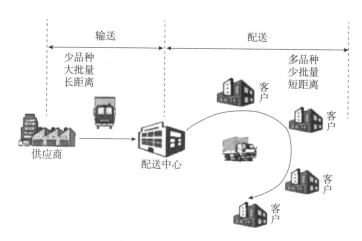

图1-1　城市配送网络结构

城市配送网络结构与地区配送网络结构相互叠加、相互联系、相互作用，形成一个一体化的配送网络结构系统，它由区域内流通中心城市与各地区流通中心城市之间的产品流通网络系统与交通、信息等网络系统构成，并通过两者之间的相互联系、相互衔接，为区域经济贸易和城市发展服务，促使各地区城市物流系统的相互接轨，实现城市配送网络最优。

三、城市配送网络的类型

（一）集中型配送网络

集中型配送网络是在供应商和客户之间仅存在单个配送中心，来自供应商的货物都通过这个配送中心进行存储、分拨、配送，结构层次简单。

在这种配送网络中，配送中心一方面对下游客户的需求进行集中处理，另一方面对上游供应商的货物进行集中管理，起到了枢纽的作用。例如，南京小河物流中心、芜湖长江物流中心等，均利用单个配送中心为分散的客户提供配送服务。集中型配送网络结构如图 1-2 所示。

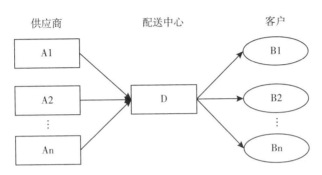

图 1-2　集中型配送网络结构

（二）分散型配送网络

分散型配送网络主要是指在配送网络中同一层级上存在多个配送中心，将终端客户按照一定的原则，如需求量或者地理位置划分到不同的配送中心进行配送。分散型配送网络结构复杂，根据在供应商和客户之间存在的不同等级的节点数量，可归纳为单级配送网络、二级配送网络、三级配送网络和四级配送网络。

1. 单级配送网络

单级配送网络多见于中小型连锁零售类企业，从供应商进购的产品经由配送中心按需配送给终端客户，但由于客户较为分散且需求差异大，这种网络结构的配送效率相对较低。例如，专注于快消品城市配送服务的深圳市凯东源现代物流股份有限公司，在全国重要的节点城市设立多个大型配送中心，形成覆盖全国的配送网络，为商超、便利店等零售企业配货。单级配送网络结构如图 1-3 所示。

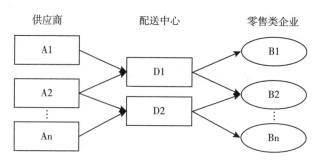

图1-3 单级配送网络结构

2. 二级配送网络

二级配送网络是指在供应商和客户之间存在两个规模层级的物流节点，包括一级分拨中心和二级配送中心。这种网络较为复杂，辐射范围广，可以实现城市间的远距离配送。来自供应商的货物首先在一级分拨中心进行集中管理，再根据客户需求由配送中心进行配送。二级配送网络结构如图1-4所示。

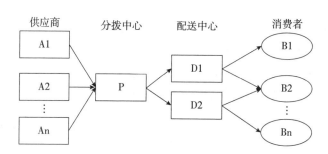

图1-4 二级配送网络结构

有关二级配送网络的研究最早从日本开始，之后在欧美等国家有了进一步的发展，并取得了一些研究成果。Hemmelmayer等（2012）开发了一种自适应的大型邻域搜索启发式算法研究二级多中心配送网络，首先通过分析二级多中心配送网络构造，之后根据配送网络构造流程建立相应模型，在该配送网络中，配送中心通过中转站为最终客户提供服务，结果显示研究内容可以有效降低配送网络成本。Grangier等（2016）研究了考虑中转站同步的两层节点网络结构，根据该网络结构的特点，提出了一种自适应大邻域搜索算法并验证了其在实际问题上的应用。Zhou 等（2018）研究了在电子商务"最后一公里"配送中出现的多中心二级配送网络问题，提出了一种混合多种群遗传算法解决该问题，并通过大量实例验证了该算法的有效性。Liu 等（2018）提出了一种结合节约算法和可变邻域搜索的启发式算法，以求解基于时间约束的二级配送网络问题的混合整数线性规划模型。陈立伟和唐权华（2017）研究了二级物流网络规划问题，根据物流运输成本和设施成本，提出一种基于 Q 学习理论和差分进化的 Memetic 算法求解该问题，算法显示该结果可以有效提高物流配送利润。胡乔宇等（2018）以二级配送网络为研究对象，着重考了随机性质的客户需求，提出了一种基于蒙特卡罗仿真的高效优化方法，对考虑随机客户需求的二级配送网络优化问题进行了研究，通过数值实验并与确定性方法比较，验证了所提出的基于仿真的算法可行且有效。梁喜和凯文（2019）针对目前不合理的废旧产品回收以及物流活动产生的碳排放污染，研究了考虑客户聚类与产品回收的两级闭环物流网络选址—路径优化问题，并应用改进的多目标进化算法求解。

3. 三级配送网络

三级配送网络是最常见的城市配送网络结构，是指在供应商和客户之间，除物流基地与城市配送中心外，还存在更小规模的物流节点，如末端配送网点，以便更大程度地接近消费者，是解决末端配送难题的重要措施。末端配送网点主要设置在高校、社区、办公区等固定人群活动密集的区域，形式多样，进行多频次小批量的配送。其中物流基地为一级物流节点，具备集货、分拨、中转、储存、流通加工、配送、信息服务等功能；城市配送中心为二级物流节点，具备集货、分拨、中转、储存、流通加工、配送、信息服务等功能；末端配送网点为三级物流节点，同时兼具销售、客户信息收集与反馈、终端物品处理与储存等功能。三级配送网络结构如图 1-5 所示。

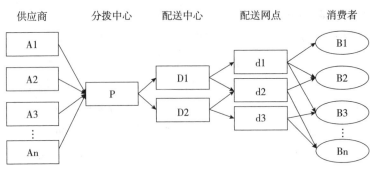

图 1-5　三级配送网络结构

陈建华和马士华（2006）提出，基于配送中心的"集配"功能，不仅可以有效增强供应链系统运作的稳定可靠性，还可以资源共享实现合并运输、减少空载，降低物流运作成本。吕海峰等（2004）认为，提高城市整个物流系统运行水平的关键在于科学设计城市配送网络，这样才能降低流通成本，提高流通效率。朱宝琳等（2016）研究了产出随机而零售商需求不确定的三级城市配送网络，在集中和分散条件下建立决策模型，并以实际算例验证风险共担契约对三方协调的有效性。杨怀珍和卢高达（2018）研究了电子商务模式下的城市配送网络优化问题，在生鲜农产品新鲜度对市场需求影响的前提下，从有无价格补贴、收益共享契约几种决策的角度建立利润分配模型，发现收益共享契约对协调生鲜农产品的城市三级配送网络优化非常有效。骆嘉琪等（2022）将中央厨房作为研究城市三级配送网络的对象，通过分析中央厨房运营模式及配送特点，结合其经营效益和长远发展，构建数字经济背景下的中央厨房三级配送网络。任志豪等（2022）以江苏省各节点城市为例，利用节点中心性、接近中心性、中间中心性等指标对城市三级配送网络展开研究，研究发现重要的配送中心并非经济发达的节点城市，而是地理位置上的重要节点城市，但经济发达地区的需求客户具有较高的中心性和较低的接近中心性，这表明其受某个配送中心影响较小，运输网络具有较高的鲁棒性。赵泉午等（2021）在研究优化三级配送网络系统时，考虑多业态零售门店选址布局及覆盖范围、冷链设施配置、冷藏品类选择等生鲜新零售特征，构建了非线性混合整数规划模型，并设计混合拉格朗日松弛算法求解模型，通过对比验证了算法的有效性。

4. 四级配送网络

四级配送网络多适用于地域较广的物流活动，是在三级配送网络结构的配送中心层级下增加了一个分销中心。在四级物流配送网络中，较为典型的是苏宁易购。苏宁物流官网显示，截至2021年，苏宁物流共有24个全国物流中心，60个区域物流中心，门店自提点超8800个，仓储面积1105万平方米，形成覆盖全国的配送网络。其中，全国物流中心提供全国的配送服务，覆盖华东、华北、西北、东北、华中等地区；区域物流中心在规模和吞吐量上略小于全国物流中心，提供本地和相邻城市的物流服务；苏宁门店作为多级物流网络的末端配送网点，主要提供城市内消费者的货物配送和自提服务。

但是区域跨度较大的多层级物流网络会加快产品的消耗，不利于产品的质量安全，所以城市配送网络规划或设计要在保证配送设施和交通满足需求的基础上，尽量减少网络层级。因此在城市配送网络优化中，四级节点网络结构的研究相对较少。

第二节
网络优化要素

假设城市配送网络由三级节点构成，即在由几个物流基地、若干个末端配送网点和若干个可供选择的配送中心组成的物流网络中，各个节点处于不同的地理位置。每个配送中心向上游物流基地订货时无限制，均可以得到满足；但每个处于下游的末端配送网点只能由一个配送中心为其提供配送服务。在物流基地、末端配送网点信息已知的情况下，要想使配送服务低成本高效率，需要解决以下三个方面的问题：一是在明确物流基地和末端需求网点的实际信息后，确定要开放的配送中心的数量和位置，即配送中心节点选址问题；二是确定运输路线，即物流基地、配送中心、末端配送网点三者之间的路径规划问题；三是库存控制问题，根据货物内容、客户需求制定配送中心的库存检查策略和确定其订货数量。

一、节点选址

节点选址问题（Location Allocation Problem，LAP）最早可追溯至 19 世纪早期，Alfred Weber 提出了关于选址决策的工业区位理论（Theory of the Location of Industries），该理论主要以原料从生产商运送至客户手中所有环节的成本最小为原则。目前，学术界对节点选址问题的研究可分为两类：一是定性评价；二是定量模型。

定性评价的研究模式主要是运用层次分析法、模糊聚类评价法、灰色关联度或者综合运用这几种方法建立评价模型，评价排序备选方案，得分最高的方案即为最优方案。Zak 和 Wegliński（2014）认为，节点选址受政治、经济、环境等多方面的影响。Zangeneh 和 Nielsen（2014）结合农产品特性，在改进的层次分析法的基础上提出了多准则选址决策模型。霍红等（2016）聚焦多层次配送中心的选址问题，集中考虑了土地价格、距离、交通、潜在市场需求等因素，运用模糊聚类评价法建立了辽宁省冷冻水产品节点选址指标体系。王勇等（2020）针对多物流配送中心选址问题，提出先对备选配送中心进行聚类分析确定聚类单元，然后在各聚类单元内应用 TOPSIS 法进行选址排序。

定量模型一般以系统总成本最低或运输时间最短为目标函数，考虑设施节点的能力限制、建设费用、配送费用及配送的时效性等要求，设置约束条件，并运用相应的算法求最优解。张文峰和梁凯豪（2017）用量子粒子群算法求解以配送网络建设成本和运营成本为优化目标的非线性模型，该模型考虑了距离约束、产量约束和容量约束。陈淑童等（2017）构建了考虑时效和货损的最小总成本模型来解决多产品城市配送中心选址与流量分配问题，并分析了时效性与货损性对构建城市物流配送网络的影响程度。赖志柱等（2020）基于重大突发事件，统筹考虑应急救援时间和成本两个目标，研究了应急物流中心的选址及应急物资的城市配送问题，最后设计了一种混合蛙跳算法来验证模型的可行性。初良勇等（2021）针对客户退货量不确定的情况，使用改进的遗传算法求解快递站点和退货处理中心选址问题，使得系统总成本最小。袁志远等（2022）针对国家带量集中采配药品时多配送中心选址问题，分别使用模拟退火算法、禁忌搜索算法以及 FCM-TS-SA 混合算法求解，为城市药品采购配送中心选址问题提供了有效解决方案。林殿盛等（2020）以不确定性需求为约束，构建以总成本最低为目标的选址模型，并通过算例表明总成本与需求的不确定程度密切相关。

二、路径规划

20 世纪中期，Dantzig 等（1959）最先提出车辆路径问题（Vehicle Routing Problem，VRP），即在一定的约束条件下使得运行总时间、运行费用等目标函数达到最优。

考虑到时间要求及道路交通复杂性，Osvald 和 Strirn（2007）提出在城市配送网络中，生鲜食品运输配送效率的高低由运输时间来决定，综合考虑了食品运输过程中出现损坏、发生交通状况产生拥堵以及配送时间窗要求等，构建了含有随机性约束的车辆路网配送模型，并采用禁忌搜索算法求解案例。白秦洋等（2021）在考虑城市复杂的道路网与实时交通情况的基础上综合考虑经济成本与环境成本，以达到优化运输路径的目的。Ghannadpour 和 Zarrabi（2019）在满足运输过程中使用车辆最少的前提下，构建了以客户满意度为目标的模型。

随着节能减排要求的提出，学者开始关注运输中的碳排放问题。鲍春玲和张世斌（2018）构建了包含时间窗、碳排放成本和货损成本的城市配送网络路径优化模型。方文婷等（2019）建立了以总成本最小为目标的城市配送网络路径优化模型，其创新性在于考虑了绿色成本，并利用混合蚁群算法求解。

关于双向作业模式，冀巨海和张璇（2019）针对带取送的农产品城市配送问题，在满足软硬时间窗约束下构建了以总运营成本最小为目标的模型。郭放等（2021）研究了市内小件物流同时取送的前置仓服务策略与配送路径优化问题，使得城市配送网络整体运营成本最低。

除上述研究中采用的现代启发式算法外，Kulachenco 等（2019）设计了变量邻域搜索元启发式算法来求解一致车辆路径问题，Montanari（2008）利用数学方法求解配送网络中配送顺序规划的问题，并通过实例进一步验证了模型的可行性。

三、库存控制

国外学者研究城市配送网络时更加关注库存控制效用。Van Donselaar 和 Broekmeulen（2012）通过仿真回归分析了生鲜零售商的期望过期产品数量，以帮助零售商更好地衡量客户服务水平和安全库存数量。Mirzaei 和 Seifi（2015）假设生鲜品的库存持续时间与消费需求存在负反馈关系，研究了库存时间对销售带来的影响。Banerjee 和 Agrawal（2017）考虑新鲜度和销售价格对缺货的影响，基于销售前和销售开始后两个时段建立了生鲜品库存分段控制优化模型，目的是提高顾客满意度。Paam 等（2022）在总库存成本最小的目标下，对多周期、多产品、多仓库的生鲜产品库存控制优化问题进行了研究，允许仓库有两种不同的操作模式，并构建模型进行求解。

国内学者将变质率、新鲜度等因素作为研究城市生鲜农产品配送中库存策略的关键切入点。王淑云等（2020）从三级配送网络整体利润最大化出发，将保鲜投入引入冷链运作，提出了配送中心的增值服务性能，建立了相应的新鲜度与量变损耗函数，构建出需求受新鲜度影响的冷链库存优化模型，并运用遗传算法求解最佳的库存策略。吴晓明等（2016）提出考虑配送中心弹性库存的果品采购优化问题，以水果配送中心向多个供应商采购不同品种果品为对象，将库存变化因子引入周期性路径优化模型。邹逸等（2020）在研究城市配送时，将保鲜作为评价客户满意度的重要指标之一，考虑到需求受产品质量的影响且腐败率服从三参数韦伯分布，以总利润最大化为目标函数建立了针对乳制品生产商—分销商—零售商构成的三级冷链一体化库存模型，并使用自适应遗传算法分析冷链上各成员的库存容量及生产水平。

第三节
网络优化理论

一、选址—库存联合优化

选址—库存联合优化问题（Location-Inventory Problem，LIP）是指在进行物流配送中心选址决策时需要同时考虑库存成本或对库存参数进行的决策。设施选址问题是经典组合优化问题的一种，也是在设计物流网络时需要考虑的关键问题之一。它的决策对于整个物流网络及其层次结构而言是先决性的条件，因为配送中心选址是物流配送网络的连接处且投资较为巨大，选址一旦确定，之后较长一段时间内不能随意改变。针对该类问题的传统研究只关注了选址固定成本及运输成本，而忽略了库存成本对此类问题的影响。由于设施选址优化对物流网络整体运营和上下游成本控制都有影响，如物流配送中心增加将会直接导致库存规模上升，配送中心的位置选择则会引起不同产品配送时间的波动，这些不确定性还会导致不同产品的安全库存风险系数变化。如果只是考虑其中一个环节或单独进行优化，就容易陷入局部最优。因此，为了真实地反映城市配送网络的实际情况并全面优化配送网络，需要将配送中心选址与库存问题进行综合考虑。

随着此类研究的不断深入，部分学者开始将库存问题引入物流配送中心设施选址的优化决策中，如 Nozick 和 Turnquist（2001）在配送中心选址时，考虑到库存成本并构建了单级 LIP 模型，之后在此成果上研究了两级 LIP 问题，从而可以更好地反映城市配送网络实际需求。然而，考虑到客户的不确定性需求，配送中心设施数量的多少及位置的选择已成为构建配送网络的重点问题，该类问题由于不仅要考虑选址成本的最小化，还要考虑库存决策及不确定性需求等因素对总成本的影响，因此该类问题变成了典型的多目标优化问题。Eppen（1979）猜想通过配送中心统一管理多个零售商处，使零售商的库存集中起来，在此基础上构建了风险分摊效应模型，结果表明，此方法可以显著降低系统总的库存成本，验证了他的猜想。该模型提出后，国内外学者都将其应用到了 LIP 问题的研究中。例如：Daskin 等（2002）将该模型应用到了考虑不确定性需求下的安全库存 LIP 问题中，构建了一个联合 LIP 模型，该模型也成为最早的非线性 LIP 整数规划模型；Guerrero 等（2013）以食品企业为研究对象，并根据企业特点提出了一个考虑多车场约束条件的 LIP 模型。

随着问题复杂性不断增加，考虑更多约束条件的 LIP 问题成为热点问题。例如：Tancrez 等（2011）在研究 LIP 问题时考虑到库存容量限制，研究结果表明，该类问题相对于无库存容量限制问题更为复杂；Ahmadi-Javid 和 Hoseinpour（2015）则研究了无库存容量约束的多零售商的 LIP 问题，该问题考虑了商品价格对消费者需求的影响，并以配送网络上下游利润最大化为目标优化配送中心选址和价格；Escalona 等（2015）研究了差异化物流服务水平条件下的 LIP 问题，设计了一种改进的启发式算法，对提出的混合整数非线性规划模型进行了求解，他们指出将配送中心选址与库存问题进行综合考虑，可以更好地应对多变的市场，也可以更灵活地满足客户的不确定性需求；Qu 等（2015）研究了"联合补货"与"独立补货"策略的 LIP 问题，设计了改进的智能算法对模型进行了求解，结果表明，随着消费者对个性化服务的需求不断增加，采用"联合补货"策略比采用"独立补货"策略更能提高客户的满意度。

Diabat 和 Theodorou（2015）研究了两阶段的多仓库的 LIP 问题，该类问题比单一仓库的 LIP 问题涉及的环节及影响因素更多，求解该类模型更加困难，他们针对该类模型的特点设计改进了一种新的多目标启发式算法对其进行求解。Puga 和 Tancrez（2017）研究了不确定性需求的 LIP 问题，并结合运输成本、库存周期、订货量等现实情况，提出一个启发式算法对该问题进行求解；Mousavi 等（2015）则提出了一种果蝇算法对该类问题进行求解。

由于影响 LIP 问题的因素逐渐增加，所求目标函数随之增加，而 LIP 问题的解对于所求目标间存在着相互排斥现象，比如此解对于某个目标来说可能是有积极影响的，但对于其他目标的影响可能是消极的，因此求解该类问题所得到的是一个折中解集合。例如：Asl-Najafi等（2015）研究了多目标闭环LIP问题，利用改进后的粒子群优化算法对该问题进行求解；熊浩和鄢慧丽（2021）考虑集中设置安全库存，但集中安全库存需要通过转载运输实现，因此需要将转载运输成本引入选址—库存模型之中，使新的选址—库存模型更加科学合理，最后通过数据实验验证了模型的有效性；孙姣等（2021）以城市配送网络运作模式为案例，使用目标级联法对选址—库存模型进行求解与结果分析，并与传统的一体化优化方法的求解效果进行对比，结果验证了该方法在求解选址—库存问题的有效性；孙一榕和郑国华（2022）针对城市配送中回收站选址库存问题，考虑国内回收物分布的分散性，在现有选址模型的基础上结合实际情况加入回收站库存成本和回收投放周期等因素，以物流系统总成本最小化为目标，建立一个新的回收站选址—库存模型。

二、库存—路径联合优化

库存—路径联合优化问题（Inventory-Routing Problem，IRP）是指配送网络确定各需求点库存决策、需求时间以及车辆路径安排的过程，在该过程中需要满足一定的约束条件使得总成本最小。由于库存和车辆路径问题联系紧密，配送车辆的具体方式应该根据客户的时变性需求，基于库存水平的需求、考虑价格变化的需求以及一般情况的常数需求等进行调整，这些因素也会影响安全库存的大小。在配送过程中，如果选择合适的车辆路径，不仅能提高产品配送的速度，而且能降低车辆的空载里程，实现减少运输损耗和提升客户满意度的效果，并且配送速度和运输量可以直接影响到安全库存的具体决策，安全库存的合理设置可以减少缺货损失，有效降低配送的总成本，因此城市配送网络中库存与车辆路径之间存在着紧密的联系。

在物流配送服务的实际过程中，库存决策与车辆路径问题之间往往存在显著的"效益背反"关系，如果单独解决其中一个环节的问题，难以从整体上控制物流成本，容易产生"牛鞭效应"（Bull whip Effect）。针对IRP问题，Bell 等（1983）最先对其进行求解，他们在 VRP 的基础上加入了库存优化部分，构建的模型反映了配送中心数量及配送量，并设计了启发式算法对其进行求解，他们提出只有综合考虑库存与车辆路径问题才可以更为科学地解决配送网络存在的问题。Bertazzi（2008）研究了具有确定性需求的 IRP 问题，他指出确定性需求已经逐渐变少，之后的研究应注重不确定性需求的 IRP 问题。由于该类问题早已被国内外学者证明是经典的NP-hard 组合优化问题，因此在合理的时间内求解该类大规模问题需要应用启发式算法对其进行求解，面对数据量的不断增加则需要采用更为复杂的启发式算法（Montoya-Torres, et al., 2015）。Huang（2015）将客户划分为不同需求的组别，通过客户位置的定位、客户分组及车辆路径三个阶段构建相应的模型，最后应用禁忌搜索算法对该模型进行求解，并指出未来启发式算法将成为解决该类问题的主要手段。Li 等（2010）对比研究了采用直接配送与零担配送策略时的 IRP 问题，并分别构建了相应的非线性整数规划模型，结合两个不同策略的优化模型，他们设计了改进的差分算法分别对其进行求解，得出所提出的算法可以求得该类问题的最优解。

通过以上分析可以发现，相关学者主要研究了单品种货物的物流网络优化问题，而针对反映城市配送网络现实情况的多产品库存及运输问题，事实上更值得研究，如 Anis 等（2014）针对多产品问题提出了一种改进的变邻域搜索，分两个阶段对 IRP 问题进行求解，第一阶段建立初始解时先不考虑库存成本，第二阶段先改善初始解并最大限度地减少运输和库存成本，他们针对该类问题提出的数学模型为后期相关学者的深入研究奠定了基础。Marinakis（2015）在该模型的基础上引入了车辆载重的限制条件，构建了相应的数学模型，提出了一种改进的离散型粒子群优化算法，并对比了精确算法及启发式算法在求解该问题时的区别，得出启发式算法运算时间更为快速，效果也更好。Lopes 等（2016）则考虑到时间窗约束条件，他们认为加入此类条件可以更好地反映客户的随机性需求，另外设定超出所限定的时间窗设置的惩罚机制，为此他们构建了带时间窗的 IRP 问题模型，并设计了一种改进的混合遗传算法来求解该类问题。Vansteenwegen 和Mateo（2014）研究了单周期库存车辆路径问题，该类问题是由单一的车辆完成物流配送活动，城市配送网络所涉及的配送过程是通过一个循环的配送计划及时确定交付客户的数量及路线，从而避免缺货风险，他们针对此类问题模型设计了一种改进的蚁群算法，并通过实例验证了算法的有效性及可行性。Hemmati 等（2016）研究了在规定的时间内，同时运输多个产品的 IRP 问题，他们提出了两阶段解决方案，第一阶段将 IRP 问题转化为一个受库存限制的路径及调度问题，第二阶段通过自适应大邻域搜索解决该类问题，最后通过仿真实验得出启发式算法在求解该类问题时具有较大的优势。Santos 等（2016）研究了供应商提供一种类型产品，要求采用载重相同的车队运输到指定地点的多车辆库存—路径问题，研究结果表明其提出的搜索排序算法可以有效求解该类问题。

三、选址—路径联合优化

选址—路径联合优化问题（Location-Routing Problem，LRP）是指根据物流企业的战略定位来确定相应的物流配送中心的选址及容量，再设计或选择最优的配送路线及车辆安排等，从而实现降本增效的过程。城市配送网络中的配送中心选址与配送路径选择之间的联系较为紧密，配送设施选址的位置会直接影响配送路径的选择，配送设施的数量则影响配送过程中所涉及的车型选择、运量分配及运输频率调整等决策，而配送的商品数量和客户的个性化需求等也会影响到配送中心选址的决策。由此可以看出，它们已经成为配送网络中两个紧密联系的关键问题，节点选址决策（LAP问题）决定了整个配送网络的模式及结构，车辆路径规划（VRP 问题）则直接影响着配送成本及客户的服务质量，将两者同时考虑可以有效提高物流配送效率，降低物流运作总成本。可以发现，LRP 问题是结合了配送网络战略层的设施选址及运作层的路径安排而形成的复杂决策问题，也是城市配送网络优化中的难点问题之一。综上，LRP 问题与 LAP 问题及 VRP问题既有联系又有区别。VRP 问题虽然考虑迂回特性，但未分析配送中心选址的合理性及物流总成本问题；而 LRP 问题不但强调车辆路径的迂回特性，而且考虑选址的合理性及物流总成本问题，从而可以避免 LAP 问题及

VRP 问题的局部优化问题。

Min 等（1998）从定义、分类、模型及算法等方面对 LRP 问题前期相关研究进行了综述，他们指出早期对该问题的求解多为精确算法，但是由于精确算法在求解小规模问题方面具有优势，现实中的 LRP 问题往往具有较多的约束和变量，求解的计算时间为问题规模的指数函数，使用精确算法求解该类问题时受到了计算机内存和计算时间的约束，因此后期相关研究开始考虑使用启发式算法对其进行求解。Zhang 等（2015）研究了制造企业的 LRP 问题，以客户的随机性需求为基础，构建了相应模型，并分别利用精确算法和改进启发式算法进行求解，通过比较分析确认了精确算法在求解该类问题时的不足；Asefeh 和 Seyed（2015）研究了转运枢纽 LRP 问题，并在考虑直接装运和间接装运采用不同选址及路径规划问题的基础上构建了相应的非线性整数规划模型，并证明了该类问题属于 NP-hard 问题，他们为此设计了一种生物地理学算法对该问题模型进行了求解，通过仿真实验验证了算法的有效性及可行性。由于现实中的物流网络优化问题多存在不确定性，相关学者在研究该问题前无法获得准确的数据，需要给定一个模糊化的客户需求，如"约为 30 个"或者"10 ~ 20 个"，Lau 等（2010）就采用此类方法研究了模糊 LRP 问题，构建了相应的非线性整数规划模型。但是现实中又会同时出现因客户需求量、时间及位置等因素引起的配送路径及时间的改变，这就转变为了多模糊的 LRP 问题。Zarandi 等（2013）研究了该类问题，并同时考虑了需求量、车载容量、配送中心库存容量及时间窗等约束条件，构建了相应的多目标优化模型。张晓楠等（2016）研究了同时具有模糊需求和模糊旅行时间，并且具有车辆容量、配送中心容量及时间窗约束的 LRP 问题，通过两阶段策略，引入变动成本的概念（因车辆剩余容量不足返回配送中心卸载的额外配送成本和因车辆实际达到时间超出客户时间窗的时间惩罚成本总和），建立了预优化模型，之后他们又针对传统两阶段法的不足构建了一个包含机会约束的模糊期望值模型，并应用改进后的一阶段模拟退火算法对模型进行了求解。Torfi 等（2016）针对随机需求条件下的三阶段 LRP 问题进行了研究，构建了相应的非线性整数规划模型，并提出了一种改进的两阶段模拟退火算法对其进行求解。Ting 和 Chen（2013）在此基础上加入了多品种的约束条件，构建了一个多目标优化模型，并设计了一种改进后多目标蚁群算法来求解该类型问题，得出所提出的多目标优化算法与精确算法相比具有更好的效果，所涉及的计算费用及时间也更少。Marinakis（2015）则研究了不确定性需求背景下的此类问题，并结合具体问题构建了随机需求的 LRP 问题模型，然后提出了一种改进后的离散型粒子群优化算法用于求解该模型。Hemmelmayer（2015）在上述学者所提出模型的基础上，考虑了周期性的 LRP 问题，由此构建了一个相应的数学模型，并提出了一种大规模邻域搜索算法来解决该类问题。Yu 和 Lin（2014）研究了同时集配货的 LRP 问题，他们指出由于该类复杂问题属于 NP-hard 问题，为了得到反映消费者实际需求的最优解，他们提出了一种改进后的模拟退火算法对模型进行求解，仿真实验表明了算法的有效性及可行性。Ponboon 等（2016）结合服务质量及客户满意度研究了带时间窗的 LRP 问题，并按照仓库位置、车厂大小、车辆型号等设置了主要的参数，提出了符合不同类型配送网络要求的优化方案。Prodhon 和 Prins（2014）共同对 LRP 问题的 72 篇相关研究成果进行了综述，包括不确定性、模糊、多目标、分类等问题，并通过比较相关算法的优劣阐述了经典 LRP、两级 LRP、卡车及拖车等类型的问题。随着研究的不断深入，研究对象也逐渐拓展到了其他领域，如 Yakici（2016）研究了无人机的 LRP 问题，该模型中无人机的分配中心是确定的，然后根据一定的访问顺序到达每个兴趣点，结合该类问题，他们提出应用改进的多目标蚁群算法对模型进行求解。Moshref-Javadi 和 Lee（2016）研究了延迟选址路径问题，其目的是通过确定最优的设施位置及车辆路径，减少客户的等待时间，针对该类问题，他们提出了两个启发式算法，分别是文化基因算法和递归算法，两种算法在规定的时间里都可以产生较好的结果。罗耀波等（2014）针对 LRP 问题不仅考虑了时间窗，还将现实情况中的带退货问题加入其中，并建立了一个多仓库 LRP 问题模型，最后结合局部搜索算法改进了一种基于自适应学习的混合遗传算法对模型进行求解。杨珺等（2015）针对城市电动汽车物流配送系统的换电站选址及路径问题，建立了整数规划模型，并设计了两阶段启发式算法对模型进行求解。周林等（2016）针对城市配送网络中的末端配送个性化问题进行了研究，考虑了送货上门与客户自取两种类型，建立了多容量终端选址—多车型路径多目标优化模型，设计了一种两阶段的模拟退火算法求出了问题的最优解集。

四、选址—路径—库存集成优化

城市配送网络优化问题，实质上是效益与成本的权衡问题，目标是寻求一种平衡，达到系统整体最优，因此需要从系统的角度分析选址—路径—库存集成优化问题（Collaboration of Location - Routing - Inventory Problem, CLRIP）。配送网络是由设施选址、库存控制和路径规划等多种因素集合而成的，在整个配送网络中，各个因素相互影响、相互制约。在客户需求点数量和需求量固定的情况下，若增加配送中心的开放数量，则会导致配送中心的运营成本增加，相应地，每个配送中心的库存和所需服务的客户需求点数量将会减少，对应的运输成本也会降低；若配送中心开放的数量变少，则会导致配送中心的运营成本下降，相应地，每个配送中心的库存量将会上升，库存成本增加，所需服务的客户需求点数量也会变多，对应的运输成本增加。随着新算法的不断涌现，有学者开始关注节点选址、库存控制与运输管理三个问题的集成优化研究。Liu 和 Lee（2003）首次对选址—路径—库存集成问题进行描述，并对该问题建立数学模型，再采用启发式算法寻求模型最优解，最后对算法有效性进行评测；Shen 和 Qi（2007）将该问题表述为一个非线性整数规划模型，并使用优化过的多目标离散粒子群算法求解，在保证安全库存的情况下，确定最佳物流节点位置和运输路径。Zhang 等（2014）针对地理位置上较为分散的客户需要建设多个配送中心的两阶段 CLRIP 多目标优化问题模型，由于该类问题涉及因素较多，已经成为一个典型的多目标优化问题，他们提出了一个多目标蚁群算法对其进行求解，通过实例分析提出物流网络规划中每个配送中心可以按照周期性的需求来满足客户，并通过对车辆的有序管理可以降低物流的总成本。

由于 CLRIP 问题与 LIP 问题、IRP 问题及 LRP 问题密切相关，这些两两结合的优化问题已经被证实是经典的 NP-hard 问题，CLRIP 问题也同样属于该类问题。为了更客观地求解该类问题，需要针对不同产品类型的

CLRIP 问题模型特点设计或改进更为有效的启发式算法对其进行求解。
Nekooghadirli 等（2014）研究了一个顾客随机需求条件下的多产品的
CLRIP 问题，他们加入了客户的旅行时间问题，这个复杂性的问题更贴近
城市配送网络的现实情况，该问题要求每辆车可以装载多种产品以满足客
户的需求，并且保证拥有一定数量的安全库存，不允许出现商品的短缺，
目标函数分别为总成本最小及缩短配送时间，由此他们构建了一个多目标
CLRIP 问题模型。张得志等（2019）考虑到供应商选择和城市配送网络各
环节之间的协同作用，利用自适应性遗传算法确定合适的装配提前期，降
低城市配送网络总成本。崔广彬和李一军（2007）对客户随机需求条件下
的多时期 CLRIP 问题进行研究，通过建立双层规划模型，在一定范围内选
定多个物流节点位置和巡回运输路线，同时基于模糊需求存贮策略确定其
最佳订货量。杜丽敬和李延晖（2014）将采用不断审查（Q,r）库存策略、
物流基地唯一和配送产品单一的物流配送网络作为研究对象，考虑到消费
者需求的不确定性，构建了以客户需求模糊随机性为前提的 CLRIP 混合整
数非线性规划模型，先采用列生成算法求解目标模型获得初始解，再对初
始解进行改进，从而实现对物流配送网络的优化。王运发和李波（2012）
为了避免求解多周期 CLIRP 模型时运算结果陷入局部最优解，设计并采用
自适应算法求解，结果表明，该算法在解决 CLRIP 问题时具有较强的鲁棒
性。吕飞和李延晖（2010）研究了两阶段 CLRIP 问题，建立一个带软时间
窗限制条件的 CLRIP 问题模型，并改进了禁忌搜索算法和 C-W 算法，提
出了一种新的启发式算法对该问题进行了求解。王超峰和帅斌（2013）研
究了带有横向调度的维修备件物流的 CLRIP 问题，建立了相应的数学模
型，并且设计了隐枚举法和遗传算法相结合的一种启发式算法求解该模
型。乔佩利和王娜（2016）研究了电子商务供应链逆向物流的 CLRIP 问
题，在上述问题的基础上增加了客户点、配送中心库存限制及惩罚机制，
构建了一个多目标优化模型，采用改进的禁忌搜索算法对模型进行了求
解。尉迟群丽等（2021）研究了允许库存出现缺货情况的闭环配送网络优
化问题，基于此闭环配送网络构建混合非线性规划模型，使用网络优化算
法进行求解，运算结果显示，网络优化算法较传统算法准确度更高、运算
速度更快。

综上所述，可以发现相对于单独研究城市配送网络中的某个环节或两两结合的优化问题，如 LIP 问题、IRP 问题、LRP 问题等，将选址、路径及库存三者结合起来进行优化的问题模型复杂性会提高，求解算法的难度也会大大增加。现有研究成果中研究单一产品、单一生产基地、单一配送中心、单一车型、单级库存控制策略的静态正向物流较多，而针对多产品、多车型、多配送中心、模糊需求的多周期动态问题较少。在实际情况中，城市配送网络所需要配送的产品种类较多，客户的需求具有独特性，配送网络各个节点负责配送的车辆型号也不一致，因此需要针对此类多目标优化问题进行综合考虑，建立符合实际的多目标优化模型。虽然现有文献在配送中心选址、库存控制及车辆路径问题等多目标优化问题的研究上还存在不足，但因配送网络间的联系及部分相似性，部分有价值的研究成果可以对研究城市配送网络优化问题起到重要的支持作用。

第四节
网 络 优 化 算 法

在求解物流网络优化问题时，由于精确算法适应范围很小，所以目前学者多采用启发式算法进行求解。常见的启发式算法有蚁群算法、免疫算法、遗传算法、禁忌搜索算法和其他算法，每种算法各有其独特的运算方式。

一、蚁群算法

蚁群算法（Ant Clony Optimization，ACO）是一种群智能算法，是 Marco Dorigo 以大自然中蚂蚁觅食的搜索路径为灵感提出的一种智能优化算法。它作为一种随机搜索寻找最优路径的方法，其有效性与使用价值已经在解决一系列组合优化问题时得到了充分的证明。

二、免疫算法

免疫算法（Immune Algorithm，IA）是指以人工免疫系统的理论为基础，实现了类似于生物免疫系统的抗原识别、细胞分化、记忆和自我调节等功能的一类算法。免疫算法力图有选择、有目的地利用待求解问题中的一些特征信息或知识来抑制其优化过程中出现的退化现象。免疫算法是一种具有生成+检测的迭代过程的群智能搜索算法，从理论上分析，在迭代过程中，保留上一代最佳个体的前提下，免疫算法是全局收敛的。

三、遗传算法

遗传算法（Genetic Algorithm，GA）最早由美国的 Holland 教授于 20 世纪 70 年代提出，该算法源于生物界的基因遗传学说，将需要求解的问题仿照基因中的染色体进行编码，然后通过随机的交叉、变异，进行迭代运算，进而找到问题的最优解。该算法本身具有一定的普适性，由于算法在确定初始参数后，可以进行自动的迭代、选择、判断，具有较高的智能性和自组织性。随着学者对算法的不断改进，遗传算法的全局搜索功能愈发强大，在很大程度上避免了结果陷入局部最优的可能。此外，产生的结果中会存在一些附加的结果，这些结果可作为决策的参考。

四、禁忌搜索算法

禁忌搜索算法（Tabu Search，TS）是美国科罗拉多大学教授 Fred Glover 于 1986 年提出来的，主要由编码方式和适应度函数、解的初始化、邻域运动和邻域解、禁忌表、选取策略、赦免和暂停准则等部分组成。它能够很好地避免局部邻域搜索容易出现局部搜索的缺陷，表现出很强的全局搜索能力。局部邻域搜索是指算法反复地搜索小部分区域中问题的解，尽管算法执行起来非常简单且易实现，但其搜索性能完全依赖邻域结构和初始解，特别容易陷入局部最优。为了克服这一缺点，避免算法陷入局部最优的陷阱中，禁忌搜索算法会有意避开那些已经找到最优的解局部，但这并不意味着这些局部最优解被丢掉，而是把它们禁忌起来，从而使搜索的空间更加广泛，而不是在一个空间反复搜索，使算法加大找到全局质量最优解的概率。

禁忌搜索算法的一般迭代思想是：通过产生一个初始解，该初始解可以作为算法的当前解，如果最优候选解的适应性要远远高于历史上的最优解，则在当前解的邻域内选择一定数量的候选解，那么该解被算法接受而不管其是否位于禁忌表当中。相反地，若不确定存在这种类型的候选解，就可以通过选择不存在禁忌表中的候选解来替代当前的解，并将其对应地移动加入禁忌表。通过将上述方法不断地重复迭代直至达到停止准则的要求，算法停止。

五、其他算法

（一）模拟退火算法

模拟退火算法（Simulated Annealing，SA）是模拟物理学中的固态物质降温过程与求解最优化问题相结合，借鉴固态物质升温、降温、冷却的过程达到能量的最低点，以获得问题的最优解。模拟退火算法适应范围广，可用来求解连续性、离散型和混合型问题，但同时也存在一定的局限性，即计算过程复杂、收敛速度慢、计算时间长。

（二）贪婪算法

贪婪算法（Greedy Algorithms）最大的特点是一步一步地进行，每做一次选择，就将问题简化为一个规模更小的子问题，总是做出在当前看来是最好的选择。其优点在于效率高，但致命的缺点是该算法通常得到的是某种意义上的局部最优解，而并不一定是全局最优解。

（三）粒子群优化算法

粒子群优化算法（Particle Swarm Optimization, PSO）是一种进化计算技术，主要用于求解实数问题。它与其他算法类似，都是基于迭代搜索最优解的方法。系统从一组初始随机解开始，通过多次迭代更新位置，最后通过点的聚集搜索得出最优解。这种算法的优点在于求解速度快，广泛应用于一些连续函数的优化问题。但其缺点在于参数过多，参数在设置时对经验的依赖性较强，在实际的应用过程中需要时刻调整修改，这使算法难度加大，而且在优化过程中容易陷入局部优化，产生早熟收敛的问题。

第二章

物流供应链节点空间布局优化

——以环首都鲜活农产品流通圈为例

随着我国经济发展进入新常态，政府部门一直高度重视供给侧结构性改革。供给侧结构性改革的最终目的就是协调供需，既强调供给又关注需求。北京市除了本身兼备首都、直辖市的地理位置核心地位，也是中国的政治中心、文化中心、国际交往中心、科技创新中心，因此北京市集聚人口众多，且随着经济的持续发展与人均收入的稳步提高，北京市居民对高品质鲜活农产品的消费需求相对于其他城市居民更加旺盛，具有一定的代表性。

　　基于供给侧结构性改革导向，《北京城市总体规划（2016-2035年）》的出发点就是着力解决供给、需求、质量方面存在的突出矛盾和问题，推动服务业向品质化、便利化、精细化方向发展，优化消费供给结构，提高消费供给水平。在此基础上，北京市城市规划抓住京津冀协同发展战略契机，以疏解非首都功能为"牛鼻子"，统筹考虑疏解与整治、疏解与提升、疏解与承接、疏解与协同的关系，突出把握首都发展、减量集约、创新驱动、改善民生的要求，大力调整空间结构，在北京周边地区构建大型流通加工配送基地，引入疏解出的部分非核心功能企业，大力倡导设备研发、系统设计、技术创新、人才培养，缓解"大城市病"，政府牵引带动服务行业转型升级。

　　为疏解非首都核心功能并促进京津冀协同发展，适应消费结构升级，推动物流产业转型升级，2017年5月，京津冀三地商务部门联合出台《环首都1小时鲜活农产品流通圈规划》（2016—2020年，以下简称"环首都流通圈规划"），到2020年形成"一核双层、五通道、多中心"的环首都1小时鲜活农产品流通圈。

　　"一核"，即北京六环以内的特大型消费市场；"双层"，泛指从北京六环向外辐射至周边河北和天津临近地区，其中，北京六环以外至京津、京冀接壤地区为"内层"，天津、河北环京地区为"外层"；"五通道"指以进京高速公路为主、国/省道及铁路为辅打造的西北、西南、东部、南部、东南五个方向的鲜活农产品进京通道；"多中心"指依托"五通道"干线建立的集聚生产、中转、加工、仓储、交易、配送等功能物流基地。

基于上述背景，随着疏解非首都功能的推进，北京市区内的各批发市场逐步外迁，"一核"内各个商圈的消费者对鲜活农产品的需求很大程度上依赖高效的物流供应链体系建设。因此，由环首都流通圈规划指引到落实规划，为更快更好地满足北京市居民对鲜活农产品的需求，从供应链的整体角度出发，合理规划物流空间节点布局，优化"环首都1小时鲜活农产品流通圈"三级物流供应链的节点布局，建立高效的冷链物流供应链体系势在必行。在保证市场供应的情况下，不仅可以降低鲜活农产品流通物流成本，还可以提高物流流通效率，满足"1小时"城市配送目标，推动农产品直采直供发展，创新农产品物流模式，促进京津冀物流产业提质增效。

第一节
农 产 品 物 流 供 应 链

深入解读政府规划，分析环首都流通圈物流配送现状及存在的主要问题，以基于"一核"消费市场为导向、"双层+多中心"物流配送节点建设为重点、京津冀地区交通网络为依托的环首都流通圈三级配送网络为研究对象，研究构建环首都流通圈农产品物流供应链体系。

一、农产品物流供应链体系

（一）农产品供应链

最初在农产品供应链含义界定方面，比较有代表性的描述是农产品供应链是为了实现产品的生产及销售而形成的一个组织系统，其中生产与销售之间相互联系依赖，类似于一种超级组织。Johnson 和 Hofman（2004）认为，农产品"货源供应—后期加工—进入市场"这一条供应链环环相扣，其中人员始终要保持横向与纵向一体化的战略联盟关系。在农产品供应链组织模式研究中，谭涛和朱毅华（2004）提出农产品加工和运输方式是供应链不可或缺的两大环节；孙开钊（2015）指出传统农产品供应链的弊端，提出信息网络平台对产品供应与流通的巨大便利作用，科学运用大数据统一资源，使资源的分配更加合理化，从而有更多附加值；张正和孟庆春（2017）在供给侧结构性改革的大背景下，以协同创新理论为基础，在对农产品供应链契合性分析的基础上，提出一种新型供应模式：多主体相互分享市场信息资源，多方向共同发展。

在农产品供应链构建方面，学者多以供应链管理理论为基础，王莉莉等（2008）提出以农产品配送中心为核心，与多元化市场相互连接来构建农产品供应链；林略和但斌（2011）分析了生产商—分销商—零售商在供应链体系中的角色定位，构建了一种基于运输时间、新鲜度和损耗比例模型的鲜活农产品三级供应链体系，以均衡供应链体系内收益共享提高三级供应链运转效率。

（二）引入 3PL 服务商的农产品供应链

为了提高农产品供应链的物流配送效率，学者开始将第三方物流（Thrid-Party Logistics，3PL）企业引入农产品供应链。同时，学者开始研究生产经营者如何与第三方物流企业共鸣，并认识到经营者将物流服务外包给 3PL 企业，是一种在减少经营压力获得更大市场的同时赢得消费者口碑的策略。熊惠和李靖（2008）站在消费者角度对市场上农产品的物流运输特点提出见解：3PL 配送不仅能够得到客户信任，提高产品附加值和体验感，且对于企业的经营成本的降低和资金的流转有很大帮助，是适应我国国情的一种供应链发展方向；陈晓旭等（2014）运用博弈理论研究构建了关于时变需求条件下变质品的三级供应链模型，研究表明由第三方物流公司承担运输费用既可以使产品的订货量大幅度减少，还能大大缩短订货周期；余云龙等（2015）研究了针对供应商—TPL 服务商—零售商的生鲜农产品三级供应链，引入物流服务成本、物流服务数量和农产品价格，建立了由供应商主导的在确定性需求下物流服务水平影响市场需求的三方竞合博弈模型。

学者为解决鲜活农产品供应链中的物流问题，普遍基于保证农产品新鲜度的视角引入 3PL 服务商，研究成果表明，其不仅可以降低企业物流成本，还可以将农产品供应链优化成网状结构，使物流易于回溯和跟踪。然而传统的农产品供应链还是以供应商、零售商为主导引入 3PL，3PL 处于弱势地位，这种供应链模式在解决供应链物流问题过程中存在几点不足：一是节点之间的信息为单向传递，不能信息共享；二是物流不畅，只能沿着供应链逐级移动而不能集成物流规模效益；三是物流效率依然不高，不能很好地保证鲜活农产品的品质问题。因此，为了更好地解决农产品供应链中的物流问题，探索构建以 PL 为核心的基于信息平台整合资源以提高农产品流通效率的新型物流供应链。

（三）农产品物流供应链

从众多国内外专家的研究结果来看，供应链是物流演化的必然结果，物流业如何向供应链转型是关键。供应链是围绕核心企业，通过对信息流、物流、资金流的控制，从采购原材料开始，制成中间产品以及最终产品，最后由销售网络把产品送到消费者手中的，将供应商、制造商、分销商、零售商直到最终用户连成一个整体的功能网链结构。在供应链中，资金流和信息流都是在网上实时实现的，唯有物流必须在网下延时完成，为了更好地整合供应链中的参与主体，提高产品的流通效率，降低成本，第三方物流服务至关重要。第三方物流企业既能使供应链上的企业继续发挥原有优势，又可以产品为纽带，将供应链上的企业连接起来，完成产品物流服务（马汉武、朱晖，2011）。

物流供应链的概念目前学术界尚未形成统一的解释。梁双波等（2017）在研究物流供应链的时空演化及其影响因素时认为，物流供应链是以第三方物流企业为核心，通过优化配置流通过程中的资金流、物流、信息流、商流等，实现物流各功能环节、组织相互协同的网络组织。物流供应链是以第三方物流为核心，提高物流过程中的信息和物流的匹配度，实现各功能环节与各组织的完美衔接，所以物流供应链是一种相互协同的网络组织，一般包含上游供应体系、核心企业体系、下游分销体系和需求体系。简单来说，物流供应链是一条灵活的有机链条，包括产品生产后到达销售终端的所有物流活动。而第三方物流企业就是整合和优化物流提供方的能力和资源，提供一整套物流活动来服务于该供应链的专业化物流企业，其整体动因就是政策导向和利益驱动，整合并合理利用资源，实现信息共享。物流供应链是根据市场需求，更好地整合所有物流资源，实现一体化，进而降低物流供应链整体成本费用，优化库存设置，增强市场应变与快速响应能力，提高物流供应链上各企业的核心竞争力。

关于物流供应链的研究成果较少，现有研究基本上是从两方面展开的。一方面，以成本、效率为目标构建物流供应链。应急物流作为一种特种物流，对时间效益和灾害损失有极端化的目标要求，郑哲文（2009）基于应急物流供应链稳定、可靠、安全、快速、高效的特点，将可靠性作为模型构建的重要考虑因素，在合理范围内快速构建应急物流供应链中各节点的空间布局，使应急物资高效、准确地投放到目的地，实现灾害损失最小化；肖作鹏等（2015）从地理学角度总结了电商零售对物流供应链重构的影响，电商零售带来的影响包括利益相关者之间的替代效应、物流链的上下游效应、企业经营中的敏捷效应、库存中的库存效应以及供应链结构中的推拉耦合效应，并讨论了城市商业空间、运输和仓库空间的潜在空间响应与路径问题。另一方面，研究物流供应链的协调问题。文龙光（2011）通过分析物流供应链任务与关系，运用委托—代理理论和运筹学分析任务分配的博弈模型，并协调成本及收益机制，为企业间的合作提供参考意见；陈红梅（2013）基于煤炭行业效率低下、信息沟通不畅的情况，建立铁路信息共享平台，从商务信息、流程、货票、调度、运输、信息查询与管理等几个方面综合考虑，分析燃煤电力在物流供应链中的信息共享障碍，构建以铁路为核心节点的企业流程、运输、调度、货物、票据、商业信息、信息查询和管理等信息共享平台。

目前对鲜活农产品物流供应链的相关研究较少。整合现有文献研究成果，探索构建鲜活农产品物流供应链体系，需要从传统的独占思维向融合思维转变，确定供应链战略，通过搭建供应链管理信息平台加强信息共享和流程协调，实现物流供应链上服务流、信息流、资金流、知识流和价值流的"五流"合一，从而创新物流组织模式，优化物流业务流程，构建功能匹配、集约高效的物流服务体系，提升物流系统运作效率。

二、农产品物流供应链模型

（一）供应链的基本模型

最初的供应链模型为 Sunil Chopra 和 Peter Meindl 在《供应链管理》一书提到的，如图 2-1 所示。供应链以组织为核心，强调优化配置供应链上的信息和资金等，是农产品从原产地到加工为成品走向市场，最终被消费者购买的价值增值过程。供应链是由供应商、制造商、分销商、零售商直到最终消费者组成的网链结构，而不是单一链。

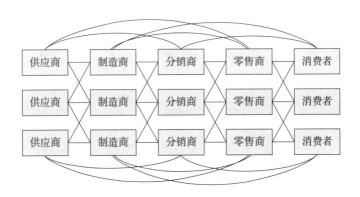

图 2-1　供应链的基本模型

（二）传统的农产品供应链模型

传统的农产品供应链就是在供应链基本模型的基础上，将农产品作为目标对象，通过链条上企业和生产商对产品的生产、加工、包装、物流运输、流向市场等环节的优化配置，最大限度地增加农产商、加工企业以及第三方物流企业的利益，形成一个效益高又能保证产品质量的供应链，最终实现农产品高效安全流通并使供应链整体效益最佳。传统的农产品供应链模型如图2-2所示。

图2-2　传统的农产品供应链模型

（三）引入3PL服务商的农产品供应链模型

随着对农产品供应链的深入了解，以及农产品在流通过程中出现的耗损大、品质低等问题，学者逐渐意识到农产品与一般工业产品存在很大差异，其对新鲜程度的要求极高，这就必须拥有可以进行低温冷藏、保质保鲜的冷链运输条件，但是生产商与物流企业是分开的，运输的高额成本和受限于空间、交通等，成为农产品附加值难以提高的主要原因。因此，有必要将农产品供应链的物流业务外包给专业的3PL服务商，如图2-3所示。

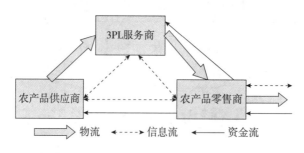

图2-3　引入3PL服务商的农产品供应链模型

从图2-3可以看出，3PL服务商对于农产品的保鲜冷藏等有更好的运作方式，最大限度地增加了农产品价值和供应链上生产者的利益，能够降低农产品供应链的物流成本,并实现农产品的保值增值。但是,在这种模式下供应商和零售商依然是占主导地位的,3PL只是承担着运输配送的职能。

第二节
环首都流通圈鲜活农产品供应链现状分析

从环首都地区鲜活农产品流通的大环境来看,环首都流通圈依旧是小生产与大市场的环境,以市场为导向的鲜活农产品流通体系不断深化形成了多个主体共同参与的、满足不同阶段消费者需求的四种鲜活农产品供应链。然而这四种鲜活农产品供应链依然有众多弊端,信息的复杂和成本的提高对交易产生极大影响,并且在农产品变成食品的过程中,还存在成本与收益不平衡的问题。接下来通过对文献的整理以及根据实际调研情况,分析不同的鲜活农产品供应链中涉及的不同的流通环节、流通主体以及在流通过程中的物流问题。

一、环首都流通圈鲜活农产品供应现状分析

(一)农产品供应链模式分析

1. 以加工企业为主导的农产品供应链

以加工企业为主导的农产品供应链(见图2-4),主要是以加工企业为主导,与农户、生产基地、合作社等签订合作关系来完成鲜活农产品的供应(程云行、张国庆,2010)。加工企业在产地附近建立农产品加工中心或物流基地,实现对农产品的收购、分类、初加工、包装及储存,然后通过自己的销售渠道如农产品批发市场、超市等销售到消费者手中。在整

个供应过程中，加工企业起到的主导作用主要包括以下几点：一是分析终端市场的需求量，反馈给上游的农户及农产品供应商等，降低市场风险；二是把控全局，合理分配资源到各个环节，完成全流程的物流、资金流、信息流的流动；三是保障整个鲜活农产品供应链的各节点企业之间信息流畅，最好透明化，实现资源的合理利用和农产品的流通顺畅。这种供应链虽然大大降低了市场风险，合理地利用了资源，减少了冷链物流环节，保证了农产品的新鲜度，但是对加工企业过分依赖，不利于农户及时获取信息，获得更高的收益。

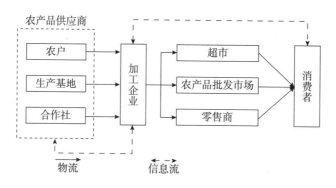

图 2-4　以加工企业为主导的农产品供应链

2. 以批发市场为主导的农产品供应链

以批发市场为主导的农产品供应链（见图 2-5），由批发市场向上衔接生产加工企业或者上游大型农产品供应商，向下承接各类销售实体店或个体摊贩等，满足鲜活农产品进京前的集聚（侯玉梅等，2010），为农产品提供一定的中转场所，这是目前环首都农产品流通中的一种主要供应模式。但是这种供应模式弊端凸显，如供应链上参与主体较多且不固定、流通环节多、监管系统缺失、冷链基础设施落后且各主体间信息不畅通等。此外，《北京城市总体规划(2016-2035 年)》提出要大力调整空间结构，疏解非首都功能，大批农产品批发市场外迁。因此，这种供应链模式已经无法适应目前的社会环境。

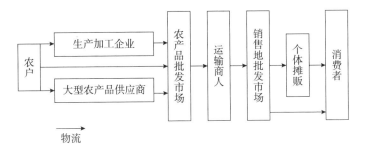

图 2-5　以批发市场为主导的农产品供应链

3. 以连锁超市为主导的农产品供应链

以连锁超市为主导的农产品供应链，也就是所谓的"农超对接"模式，连锁超市向合作的农户、龙头企业、合作社等直接采购农产品，然后在自建的配送中心完成产品的加工、包装、存储，最后由物流服务者将农产品运输到各个连锁超市完成销售，具体的流通过程如图 2-6 所示。"农超对接"模式直接从源头采买，减少了中间冗长繁多的物流环节，既避免了运输中的二次损耗，保证了农产品的高品质、低损耗，实现直采直销；又避免了中间商赚差价，满足客户低成本的利益诉求，是比较适合环首都流通圈的供应链模式。然而，这种供应链模式对物流配送服务要求高，目前物流水平还达不到，而且超市自营物流成本较高，不利于这种模式的发展。

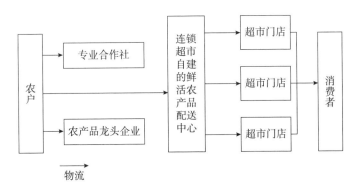

图 2-6　以连锁超市为主导的农产品供应链

4. 以电商平台为主导的农产品供应链

随着"互联网+"这种新经济形态热潮的推动，电子商务迅猛发展，逐步形成了目前备受推崇的新的农产品供应链，其以电商平台为主导，对供应链中的物流、信息流、资金流进行充分整合，协调各个环节的物流活动，可以实现农产品按时送达的高服务品质，如图2-7所示。相较于传统的供应链模式，在这一模式中，电商平台可以实现供应链上参与主体之间的信息共享，不仅生产者能获得及时的市场反馈，消费者也能第一时间了解产品现状，降低"牛鞭效应"。同时，还能通过这种模式实现跨区域产销对接，缩短了流通中间环节，提高了流通效率，有利于3PL企业的发展。但是跨区域不可避免地会加大供应不稳定的风险，而且信息更新不及时也会带来信息的不对称或者不符等问题。

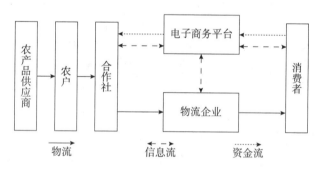

图2-7　以电商平台为主导的农产品供应链

总体而言，鲜活农产品具有易腐烂变质的特性，而且产地发散、物流活动环节非标准化且重复，使这四种供应链的模式都各有缺点，如损耗大、流通效率低、成本过高、信息不畅等。因此为了解决这些问题，需要将这些模式进行综合优化，互相借鉴，建立一个高效的物流供应链体系。

（二）农产品供应链的物流问题

通过分析以上四种环首都地区农产品供应链，发现虽然为了适应农产品交易的需要，以某种类型企业为主导的供应链模式在不断变化，但是在供应链不同节点上的物流活动基本相同,且物流作业冗长繁复。目前环首都鲜活农产品供应链在农产品流通过程中存在以下问题:第一,因为农产品供应链中涉及的节点企业多,使农产品流通层级过多,在农产品层层转运的过程中造成鲜活农产品的高损耗。第二,在农产品流通过程中形成的逐级流通的物流链,使得物流服务商只能从上一级流动到下一级,不能根据物流资源与需求进行整合,导致鲜活农产品的物流效率不高。第三,配送中心单一,一般不在配送中心建立库存,配送中心只承担转运的功能,并且所有货物都只有一个配送中心。以北京为例,多数企业在顺义区建立一个配送中心,这时无论从哪个方向进京的鲜活农产品都要统一送到顺义区再向各零售点的配送,严重影响了"最后一公里"的配送效率。

企业逐步意识到鲜活农产品供应链中物流资源的设置以及鲜活农产品供应链配置的重要性,为了提高鲜活农产品流通效率、解决鲜活农产品流通中的物流问题,需要尽量缩短供应链层级,优化农产品供应链物流资源的配置,构建一个新型物流供应链。

二、环首都流通圈鲜活农产品需求分析

(一) 鲜活农产品需求概况

北京市作为经济贸易发达的城市,2017 年常住人口超过 2100 万人,居民对鲜活农产品的需求量相较于其他城市而言只多不少,根据《北京统计年鉴 2018》,2017 年北京市鲜活农产品消费总量为 275.1 万吨,估算出居民人均日消费量为 0.36 千克。赢商大数据中心通过综合考量、整理、归纳,将北京划分为 30 个主要商圈,其中"一核"也就是北京六环以内商圈主要有以下 27 个,分别为北苑立水桥(1)、亚奥(2)、中关村(3)、万柳(4)、望京(5)、太阳宫(6)、西直门(7)、公主坟(8)、鲁谷(9)、东直门(10)、燕莎(11)、东坝(12)、金融街(13)、西单(14)、王府井(15)、崇文门(16)、朝外(17)、三里屯(18)、朝青

（19）、CBD（20）、双井（21）、常营（22）、通州（23）、西红门（24）、亦庄（25）、黄村（26）、顺义（27）。

根据商圈知名度及影响力，将27个商圈划分为三个层次，分别是：

（1）8个核心商圈，在四环以内偏东北部的地区，标号分别是5、10、11、13、14、15、18、20。

（2）13个次核心商圈，标号分别是1、2、3、4、6、7、8、16、17、19、21、22、24。

（3）6个潜力商圈，在四环以外六环以内，标号分别是9、12、23、25、26、27。

将这些商圈运用坐标法算出其具体坐标，通过客流量与人均需求量计算出的各商圈总需求量，如表2-1所示。

表2-1　北京市六环内27个商圈的坐标及需求量

商圈标号	坐标	需求（吨）	商圈标号	坐标	需求（吨）	商圈标号	坐标	需求（吨）
1	(75, 131)	90	10	(79, 93)	98	19	(105, 90)	70
2	(73, 116)	110	11	(89, 95)	75	20	(90, 85)	140
3	(52, 110)	113	12	(117, 102)	36	21	(90, 80)	110
4	(45, 105)	102	13	(63, 88)	99	22	(125, 90)	80
5	(87, 112)	110	14	(66, 85)	98	23	(138, 83)	54
6	(82, 100)	115	15	(76, 85)	138	24	(55, 43)	93
7	(60, 95)	83	16	(78, 80)	107	25	(83, 49)	155
8	(48, 85)	105	17	(81, 87)	92	26	(55, 34)	77
9	(25, 85)	64	18	(84, 90)	100	27	(138, 160)	130

（二）鲜活农产品需求聚类分析

根据表2-1，"一核"中27个商圈的原始数据坐标分布如图2-8所示。运用K-means算法对"一核"中27个商圈进行聚类分析，将27个商圈聚类为七类需求点，如图2-9所示。

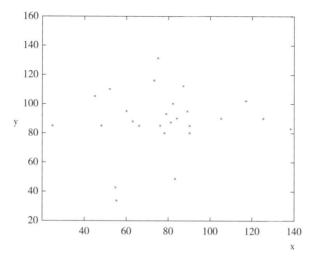

图 2-8　27 个商圈原始数据坐标分布

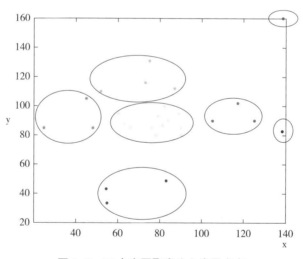

图 2-9　27 个商圈聚类为七类需求点

从表 2-1 和图 2-9 可知，七类需求点分别是：

（1）第一类需求点，每日对鲜活农产品的总需求量为 1255 吨，包括 6、7、10、11、13、14、15、16、17、18、20、21 共 12 个商圈。

（2）第二类需求点，每日对鲜活农产品的总需求量为 423 吨，包括 1、2、3、5 共 4 个商圈。

（3）第三类需求点，每日对鲜活农产品的总需求量为 325 吨，包括

24、25、26 共 3 个商圈。

（4）第四类需求点，每日对鲜活农产品的总需求量为 271 吨，包括 4、8、9 共 3 个商圈。

（5）第五类需求点，每日对鲜活农产品的总需求量为 186 吨，包括 12、19、22 共 3 个商圈。

（6）第六类需求点，每日对鲜活农产品的总需求量为 130 吨，包括 27 这 1 个商圈。

（7）第七类需求点，每日对鲜活农产品的总需求量为 54 吨，包括 23 这 1 个商圈。

根据以上聚类结果，确定了七类需求点以及每类需求点每日的需求量，以"轴—辐"物流网络为基础建立物流供应链中配送中心的数量。"轴—辐"物流网络主要由物流节点、物流通道和物流圈三个基本元素构成（Mac，1967）。以这七类需求点为轴心节点，这几类需求点是整个物流圈的核心；物流节点是从轴心的中心性水平以一定范围辐射出来的辐点，这里的物流节点即物流平台企业主导的"内层"的配送中心以及"外层"的物流中心；物流通道包括各种水陆空交通运输设施，投入资金减少形成各个节点的矢量网络结构，这里的物流通道即环首都流通圈规划中提到的以进京高速公路为主、国/省道及铁路为辅，打造的西北、西南、东部、南部、东南五个方向的五通道，这五条通道有效沟通了"双层"的物流节点与产地组织的有效连接；最后随着物流节点与物流通道的高效连接形成以北京六环内的七类需求点为轴心的环首都物流圈。通过这个物流圈将环首都鲜活农产品的流转集中在辐射点上，充分发挥轴与轴之间的交通优势，降低运输成本，以此实现环首都流通圈的规模效益。假设每个配送中心的日配送量为 600 吨（Perdana，2012），按照各需求点的辐射范围应在各类需求点并靠近五通道的位置建立配送中心，其中包括正在建设和改造的配送中心，现有的配送中心包括通州马驹桥物流基地、黑庄户农产品物流配送中心、东郊农产品配送中心、南口农产品物流配送中心、北京超市发物流配送中心、大红门货场。按照需求聚类得出的配送中心可以为政府推进规划提供参考。

第三节
环首都流通圈鲜活农产品三级物流供应链的构建

为解决目前农产品物流效率低、成本高的问题，同时疏解非首都功能实现物流产业转型升级的目标，在对农产品供应链现状进行分析的基础上，运用供应链管理理论，依托农产品供应链模型的演变，研究构建一个适应环首都流通圈现阶段发展的物流供应链体系，为落实环首都流通圈规划提供参考。

一、物流供应链的构建思路

（一）构建目标

一是提高流通效率。构建的物流供应链减少了环首都流通圈鲜活农产品的流通环节，大大提高了直采直销模式下鲜活农产品的流通效率，在北京六环附近依托"五通道"建立配送中心，在产地附近建立物流基地，其交通与地理位置的优越性为终端客户配送农产品缩短时间。

二是设置合理库存，节约成本。通过物流供应链上参与主体之间的有效沟通，结合提前对市场需求进行分析，可以在物流基地与配送中心设置合理的库存水平，不但可以减少企业的库存费用，还能及时周转缩短物流层级。

三是为顾客提供高品质服务质量，这是构建物流供应链的首要目标。流通效率的提高、成本的降低，既能缩短订单响应时间，使顾客收到新鲜度高的农产品，还能降低顾客的购买成本，使其利益最大化。

（二）构建的对象

在"互联网+"的背景下，以物流供应链上各企业的互联网平台为核心，运用大数据、物联网等技术搭建信息云平台，虚拟集成物流平台企业，通过在平台中与其他主体合作实现信息共享，根据市场需求使鲜活农产品流通过程中各物流环节紧密衔接。信息云平台可以使物流供应链中各参与方根据所获知的信息来整合物流资源，合理安排物流作业，实现生产、流通、销售等环节的资源整合，有效减少供应链的中间环节。云平台是信息的调控中心，可将各个环节中主体的信息等资源整合优化。同时信息的传递可双向流通，跨越不同区域整合。加之信息的来源更加便利，参与者可以掌控更多市场的供求信息，维持供需平衡，进行合理的库存与配送，从而有效解决直采直供模式的物流问题。

因此，物流供应链是将"双层"和"多中心"通过管理信息平台整合起来形成物流平台企业这一虚拟组织，由其通过对物流供应链中的商流、物流、信息流、资金流的优化配置，控制物流各功能组织与环节，再将环首都地区散乱的生产者整合起来形成产地组织，并将各生产资源虚拟化在平台中储存，通过"外层"的物流基地和"内层"的配送中心共享信息共同完成配送工作。物流供应链的供应商即沿西南、南部、东南、东北和西北五条进京通道的农业生产基地，也就是产地组织，负责鲜活农产品的生产。物流供应链的零售商即"一核"中满足北京六环以内的居民对鲜活农产品的需求的销售终端，包括超市、具有自提功能的社区实体店等。

（三）构建的方法

通过以上分析物流供应链的目标与对象，本书提出构建环首都流通圈鲜活农产品物流供应链是立足解决目前鲜活农产品供应链中的物流问题，首先运用价值工程论对目前环首都流通圈农产品供应链的物流价值进行分析，确定目前农产品供应链中存在的不合理性；然后结合环首都流通圈规划，并基于农产品供应链模型，构建了一个由"产地组织—物流平台企业

（物流基地、配送中心）—销售终端"组成的鲜活农产品三级物流供应链概念模型。

二、环首都流通圈鲜活农产品物流价值链分析

（一）物流价值链分析模型

物流价值与物流价值链之间存在着一定的关系，前者是后者的基础，因此要想定量分析某一物流活动中的物流价值链，首先要进行物流价值分析，物流价值就等于该环节实现的物流功能除以所投入的成本，在物流价值链曲线上反映为各个节点的斜率，将各个环节的价值斜率按照一定的顺序排列，如图 2-10 所示。其中，横坐标 LCI_i 表示第 i 个物流环节的成本系数，纵坐标 LFI_i 表示第 i 个物流环节的功能系数，比值 LVI_i 表示第 i 个物流环节的价值系数。

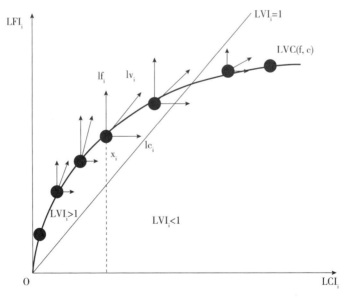

图 2-10 基于价值工程的物流价值链曲线

用数学语言描述为：物流环节 $x_i(1,2,\cdots,n)$ 的价值为 $LV_i = \dfrac{LF_i}{LC_i}$，结合弹性系数理论（依绍华，2014），$x_i$ 的价值为 LVI：

$$LVI_i = \frac{\dfrac{\Delta LF_i}{LF_i}}{\dfrac{\Delta LC_i}{LC_i}} = \frac{LFI_i}{LCI_i} \tag{2-1}$$

物流价值系数作为一个定量指标，既反映了物流价值的大小，又通过与数字1的比较，确定物流环节的功能是否与投入成本相匹配。在分析物流价值链时，根据价值工程的取值情况，一般会出现以下三种情况。

（1）LVI>1，表示 x_i 环节实现的物流功能大于投入成本，价值超预期实现。它不仅是整个物流价值链中的第一大关键环节，为整个物流活动的价值增值，也是贡献率较大的环节，还是企业的核心竞争力所在，应继续保持其优势。

（2）LVI=1，表示 x_i 环节实现的物流功能与投入成本基本匹配。它属于整个物流价值链中价值比较稳定的环节，对于这些环节，需要根据实际情况酌情考虑。若是对整个企业的物流活动有存在的必要，不可取消，则继续保留并做适当地改进；否则可取消此环节。

（3）LVI<1，表示 x_i 环节投入的成本没有发挥出其该有的物流功能。它是物流价值链中的第二大关键环节，属于整个物流活动中不增值或者价值小的环节，影响整体价值的增值，所以需要对其进行优化改进。

（二）环首都流通圈鲜活农产品物流价值链分析示例

例如，A企业需要卖出的鲜活农产品，一部分从廊坊市香河县五百户镇李庄农产品物流基地运送到马驹桥配送中心，此物流活动主要包括冷藏配送、分拣包装、冷藏储存、装卸搬运、流通加工五个环节。计算结果显示，LVI>1的物流环节是冷藏储存和流通加工，它们属于该冷链物流配送中心的价值增值环节，充分利用好这些环节对鲜活农产品的流通效率有优势；LVI<1的物流环节是冷藏配送、分拣包装和装卸搬运，它们属于投入

高额成本却没有体现该有的物流价值，需要从多方面入手进行改进。通过分析物流平台企业农产品供应链上的物流价值发现，目前农产品供应链上的物流环节成本与功能产生了不匹配的现象，这些物流环节的问题导致目前鲜活农产品供应链中农产品流通效率低、流通成本高。基于以上分析，为了使环首都鲜活农产品供应链的价值最大化，要对鲜活农产品供应链的物流运作流程进行重组，构建一个新型的鲜活农产品物流供应链。

三、环首都流通圈鲜活农产品三级物流供应链模型

物流供应链是以第三方物流企业为核心，通过优化配置流通过程中的资金流、物流、信息流、商流等，实现物流各功能环节、组织相互协同的网络组织，其中包含了在提供产品或服务的整个过程中的所有物流活动。鲜活农产品物流供应链是以鲜活农产品为研究对象，围绕链上第三方物流企业，调控产品从生产、预冷、初级加工包装、冷藏储存、冷藏运输、流通加工、末端配送、分销过程中的物流、信息流、商流，协调鲜活农产品生产者、农资供应商、流通加工企业及消费者之间的利益关系，最终实现鲜活农产品在低温状态下高效、安全、低损耗地流通，使供应链整体效益最佳。而物流供应链的效率则取决于各节点的有效衔接与合理布局，其主要节点情况如下：上游节点为各类产品产地及加工中心；中游节点为中转点，包括各类冷库、产销批发市场及配送中心等；下游节点集聚销售终端群体，如超市、餐厅等（Dey and Chakraborty，2012）。我们结合环首都流通圈规划落实目标，基于物流供应链的内涵、环首都流通圈规划布局及已调研第三方物流企业与物流基地的建设情况，构建了由产地组织、物流平台企业和含有宅配、自提功能的销售终端的鲜活农产品三级物流供应链系统，如图 2-11 所示。

根据环首都流通圈规划，从图 2-11 中可以看出，产地组织（"多中心"），为沿西南、南部、东南、东北、西北五条进京通道的农业生产基地以及农产品交易集散中心，产地主要配置了鲜活农产品生产、初级加工、临时储存、产品中转、运输配送、完成交易等设施。物流平台企业（"双

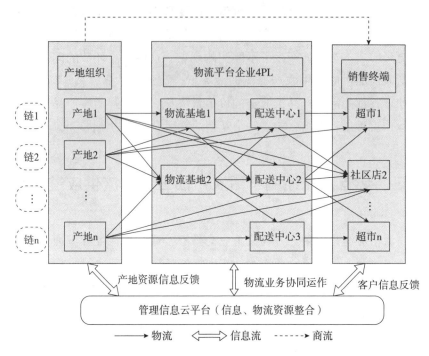

图 2-11 鲜活农产品三级物流供应链模型

层"），"外层"区域形成基于流通加工的大型冷链物流生产加工基地和物流基地，包括集散中心、仓储中心、流通加工中心等，主要完成鲜活农产品清洗、整理、分级、保鲜等初级加工，一般分布于农产品生产基地附近；"内层"建设流通、分拨、配送中心，集农产品的冷藏储存、冷链运输、冷链配送、终端零售以及信息处理等环节于一体的整套现代物流服务体系，主要用于及时地为北京郊区和来自津冀集散中心的鲜活农产品进入首都消费市场提供便捷高效优质的配送服务，以实现末端 1 小时配送。销售终端主要是"一核"内北京市区的各类销售网点，如农贸市场、连锁超市、社区实体店、宅配或具有自提功能的新零售商店等；北京市区内重点加快传统农产品批发市场的疏解和转型升级，完善流通终端网点建设，改造、升级社区菜市场和连锁销售便民终端，发展产地直供社区终端，提升鲜活农产品品牌化、连锁化、规范化发展水平。

第四节
建立配送中心空间布局优化模型

从物流供应链的视角，运用 CLRIP 集成优化方法，研究由产地组织—物流平台企业—销售终端构成的鲜活农产品三级物流供应链节点空间布局优化问题，通过综合协调配送中心选址、配送路径和库存控制三个层次的决策，构建最优目标函数模型，通过计算在各约束条件下的最低成本，确定物流供应链的最优配送中心选址—路径—库存方案。

一、问题描述

CLRIP 模型是一种集成优化模型，可用来解决潜在配送中心的最优空间布局情况，本章要优化的是环首都鲜活农产品三级物流供应链系统中的物流平台企业，其中物流基地分布于产地组织附近，地理位置的局限性和需求地对时效性要求不高，优化意义不大，而配送中心空间位置的布局、数量及规模等直接影响着是否满足市场需求、配送的及时性、服务质量高低和总成本等。为便于研究，在这里做一些抽象处理，但对设计与优化物流供应链配送中心的空间节点布局不会有影响。在这里将物流基地抽象为一个单一的供应基地，因为在整个鲜活农产品的物流供应链中，每个基地虽然会配送各种各样的产品，但是可经过一定的物理处理，如按照产品的体积或重量为衡量标准将商品种类抽象为单一的。同时，由于终端实体店数量比较多且分布散，不便于规划设计，所以可以将一条线路上的和地理位置相近的实体店及超市抽象为一个客户需求点，这样也可以保证每个点的日需求量。三级物流供应链系统抽象化结构如图 2-12 所示。

在图 2-12 中，物流基地到各配送中心为一级网络，各配送中心到客

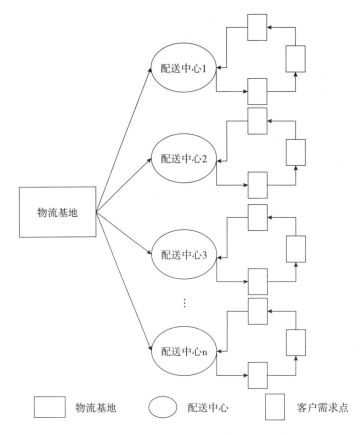

物流基地　　　　配送中心　　　　客户需求点

图2-12　三级物流供应链系统抽象化结构

户需求点为二级网络。客户需求点的需求是模糊随机的，数量与位置是确定的，配送中心潜在数量和位置也是已知的，并且可根据上游供应商的决策存在一定的库存量。由于鲜活农产品的种植或生产等通常都有一定周期，所以订货存在一定的订货提前期，采用周期性检查库存策略可以与产品生产周期相匹配的定期保证库存，当提供配送服务时采用巡回方式。基于以上情况确定最优配送中心空间布局位置、最佳订货周期、库存保有量及各个配送中心提供配送服务的最优路线。

二、模型构建

（一）基本假设

（1）环首都配送中心所配送的鲜活农产品为单一农产品。

（2）各备选配送中心的位置已知，即目前北京六环附近所有潜在的配送中心位置点，并且各个备选配送中心在单位时间内的固定成本已知。

（3）每个备选配送中心点年工作天数均为 360 天，且工作日内都要为其客户需求点提供一次配送服务。

（4）每个客户需求点只配置一组车，每条配送线路仅有一组车为其提供服务，且各线路运输车辆数量车型均相同；任意一条配送线路上的客户日需求量总和不能超过车辆的载重能力，且配送车辆从备选配送中心点巡回路线回到出发点。

（5）各客户点日需求量模糊随机，各自独立。

（6）采取（T, S_j）周期性检查库存策略。

（二）模型参数和决策变量

1. 模型参数

I 表示所有客户需求点集合，$I = \{i \mid i = 1, 2, \cdots, n\}$；$J$ 表示所有备选配送中心点集合，$J = \{j \mid j = 1, 2, \cdots, m\}$；$K$ 表示所有冷藏运输车辆集合，$K = \{k \mid k = 1, 2, \cdots, l\}$；$F_j$ 表示各备选配送中心点 j 的选址成本，即固定费用；C_1 表示物流基地到各个备选配送中心点的一级网络的单位量运输成本；C_2 表示各备选配送中心点到客户需求点的单位距离成本；C_3 表示每次的订货成本；T 表示订货时间周期；L 表示订货提前期；dis_j 表示备选配送中心点 j 提供配送服务的冷藏车辆运输距离；C_q 表示冷藏车辆群的承载能力；$\overline{D}_j$

表示备选配送中心点 j 的日模糊随机需求量；$\overline{\overline{D}}_{L+T,j}$、$\overline{\overline{D}}_{L,j}$ 和 $\overline{\overline{D}}_{T,j}$ 分别为备选配送中心点 j 提供配送服务的客户需求点在 L+T、L 和 T 时期（单位：天）内的模糊随机需求，其中，$\overline{\overline{D}}_{L+T,j} = \overline{\overline{D}}_j(L+T)$，$\overline{\overline{D}}_{L,j} = \overline{\overline{D}}_j \times L$，$\overline{\overline{D}}_{T,j} = \overline{\overline{D}}_j \times T$；$\overline{\overline{d}}_i$ 表示客户需求点 i 的日模糊随机需求；S_j 表示备选配送中心点 j 的目标库存量；η 表示各备选配送中心点的年工作时间（单位：天）；C_h 表示单位农产品的年库存持有成本；C_s 表示单位农产品的缺货带来的成本损失。

2. 决策变量

$$X_{ghk} = \begin{cases} 1, \text{当车辆 k 从节点 g 经过节点 h, } g \neq k, \, g,h = 1,2,\cdots,n+m, \, k = 1,2,\cdots,l \\ 0, \text{否则} \end{cases}$$

$$Y_j = \begin{cases} 1, \text{若配送中心 j 开放, } j = 1,2,\cdots,m \\ 0, \text{否则} \end{cases}$$

$$Z_{ij} = \begin{cases} 1, \text{若配送中心 j 为客户 i 提供服务, } i = 1,2,\cdots,n, \, j = 1,2,\cdots,m \\ 0, \text{否则} \end{cases}$$

记：$x = (x_{111}, x_{112}, \cdots, x_{n+m,n+m,l})^T$，$y = (y_1, y_2, \cdots, y_m)^T$，$r = (r_1, r_2, \cdots, r_m)^T$，$z = (z_{11}, z_{12}, \cdots, z_{n+m,n+m})^T$，$Q = (Q_1, Q_2, \cdots, Q_m)^T$，$S = (S_1, S_2, \cdots, S_m)^T$。

（三）成本分析

在配送中心的 CLRIP 集成中，总成本分别由选址成本 C_L、库存成本 C_I 和运输成本 C_T 三部分组成。

1. 选址成本

选址成本 C_L 为所有提供服务的配送中心每年固定成本费用总和，即

$$C_L = \sum_{j=1}^{m} F_j y_j。$$

2. 库存成本

库存成本 C_I 由订货成本、年库存持有成本和缺货损失成本三部分构成，它们的成本依次如下：每年订货成本为 $\sum\limits_{j=1}^{m} \dfrac{\eta C_3}{T} y_j$，每年库存持有成本为

$\sum\limits_{j=1}^{m} C_h \left(S_j - \overline{D}_{L,j} - \dfrac{1}{2} \overline{D}_{T,j} \right) y_j$，每年期望缺货损失成本为 $\sum\limits_{j=1}^{m} \dfrac{\eta C_s}{T} \overline{M} (\overline{D}_{L+T,j} - S_j)^+ y_j$。

因此，$C_I = \sum\limits_{j=1}^{m} \left[\dfrac{\eta C_3}{T} + C_h \left(S_j - \overline{D}_{L,j} - \dfrac{1}{2} \overline{D}_{T,j} \right) + \dfrac{\eta C_s}{T} \overline{M} (\overline{D}_{L+T,j} - S_j)^+ \right] y_j$。

3. 运输成本

从物流基地到客户需求点主要的运输成本 C_T 由物流基地到配送中心的一级网络运输成本和配送中心到客户需求点的二级网络运输成本构成，其中，一级网络年运输成本为 $\sum\limits_{j=1}^{m} \eta \overline{D}_j C_1 y_j$，二级网络年运输成本为

$\sum\limits_{j=1}^{m} \eta \mathrm{dis}_j C_2 y_j$，因此，$C_T = \sum\limits_{j=1}^{m} \eta \overline{D}_j C_1 y_j + \sum\limits_{j=1}^{m} \eta \mathrm{dis}_j C_2 y_j$。

（四）CLRIP 优化模型的构建

$$\min \overline{C}(S, T, x, y)$$

$$= \sum\limits_{j=1}^{m} F_j y_j + \sum\limits_{j=1}^{m} \left\{ \dfrac{\eta C_3}{T} + C_h \left(S_j - \overline{D}_{L,j} - \dfrac{1}{2} \overline{D}_{T,j} \right) + \dfrac{\eta C_s}{T} \overline{M} (\overline{D}_{L+T,j} - S_j)^+ \right\} y_j +$$

$$\sum\limits_{j=1}^{m} \eta \overline{D}_j C_1 y_j + \sum\limits_{j=1}^{m} \eta \mathrm{dis}_j C_2 y_j \tag{2-2}$$

s. t.

$$\sum\limits_{g=1}^{n+m} \sum\limits_{k=1}^{l} x_{ghk} = 1, h = 1, 2, \cdots, n \tag{2-3}$$

$$\sum\limits_{g=1}^{n+m} \sum\limits_{i=1}^{n} \overline{d}_i x_{gik} \leqslant C_q, k = 1, 2, \cdots, l \tag{2-4}$$

$$\sum_{g=1}^{m}\sum_{h=1}^{m}x_{ghk} \leqslant 1, \ k=1,2,\cdots,l \tag{2-5}$$

$$\sum_{g,h=1}^{n+m}x_{ghk}-\sum_{g,h=1}^{n+m}x_{hgk}=0, \ k=1,2,\cdots,l \tag{2-6}$$

$$y_j \geqslant z_{ij}, \ i=1,2,\cdots,n, \ j=1,2,\cdots,m \tag{2-7}$$

$$\overline{\overline{D}}_{L+T,j}-\sum_{i=1}^{n}\overline{d}_{L+T,i}z_{ij}=0; j=1,2,\cdots,m \tag{2-8}$$

$$x_{ghk}=0 \ \text{或} \ 1, \ g \neq h, \ g,h=1,2,\cdots,n+m, \ k=1,2,\cdots,l \tag{2-9}$$

$$y_j=0 \ \text{或} \ 1, \ j=1,2,\cdots,m \tag{2-10}$$

$$z_{ij}=0 \ \text{或} \ 1, \ i=1,2,\cdots,n, \ j=1,2,\cdots,m \tag{2-11}$$

式（2-2）为最优成本目标函数，由配送中心的选址成本、库存成本和运输成本构成；式（2-3）为约束条件，确保任意客户需求点仅有一组车为其配送，即在一条配送巡回线路中；式（2-4）约束每条配送线路上的客户点需求总量，其不能超过车辆群的承载能力；式（2-5）保证每组配送车辆最多从其中一个配送中心出发；式（2-6）保证每组车辆都是从一个客户需求点进入，又从该点离开的连续运行；式（2-7）保证只有开放使用的配送中心才能为客户需求点配送商品；式（2-8）表示每个备选配送中心点的需求量等于其配送客户点的需求总量；式（2-9）~式（2-11）为0-1决策变量。

三、CLRIP 优化模型求解

本章先根据枚举法算出的最优库存量、订货周期；再采用启发算法计算模型的初始解，提高初始解的质量；最后利用禁忌搜索算法对初始解进一步改进直到搜索最优解。禁忌搜索算法流程如图2-13所示。

主要步骤如下：

步骤1：根据优化过程与约束条件得出最优库存水平与订货周期，并进行随机匹配客户需求点和配送中心，车辆群与配送中心匹配，得到初始解；随机将客户需求点分配给各配送中心和车辆，取得初始解。

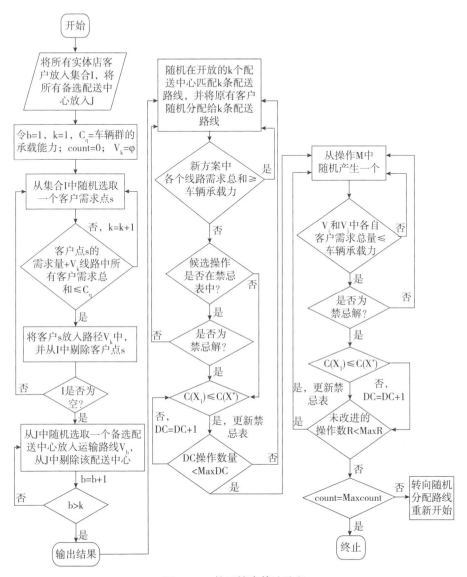

图2-13 禁忌搜索算法流程

步骤2：初始解的优化改进。运用禁忌搜索算法，改进选址分配，并在此优化基础上继续改进库存—路径。通过两阶段的持续改进，不断优化选址—路径—库存决策，直到满足终止条件为止。

步骤3：按照步骤1和步骤2分别求出最优解，两相比较确定最终结果。

第五节
验证模型的可行性和实用性

物流供应地作为三级物流供应链系统的起点，是为配送中心的库存配货，因此对于运输配送的时效性要求不高。为了便于计算确定最优配送中心的空间布局方案，这里随机选用河北省沧州市盐山县东北部的北京新发地盐山农副产品批发市场作为鲜活农产品的物流供应基地。以北京六环内27个商圈为客户需求点，以北京六环附近已建配送中心及拟建配送中心为备选配送中心点，依据各类参数为环首都流通圈农产品物流供应链的配送中心节点提供最优空间位置布局、配送路径和库存水平点，在成本可控下实现最优选址—路径—库存。

一、相关节点的选择

（一）客户需求点的确定

研究环首都流通圈"一核"这个北京六环内居民鲜活农产品消费需求，选择赢商大数据中心统计区域客流量大小的数据作为典型代表，通过综合考量、整理、归纳，北京六环内商圈主要有27个（见图2-14）。

为便于数据处理计算，根据27个商圈地理位置及常住居民数，综合聚类分析整理，将商圈划分成12个范围，拟定为12个客户需求点，并运用重心法算出的重心位置作为客户需求点坐标，12个客户需求点的坐标依次为（77，84）、（75，122）、（90，83）、（90，106）、（55，39）、（83，49）、（62，91）、（120，90）、（85，92）、（138，160）、（36，85）、（49，117）。北京市"一核"客户需求点聚类示意图如图2-15所示。

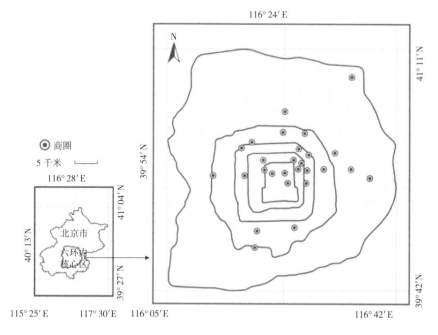

图 2-14 北京市"一核"27 个商圈地理位置分布示意图

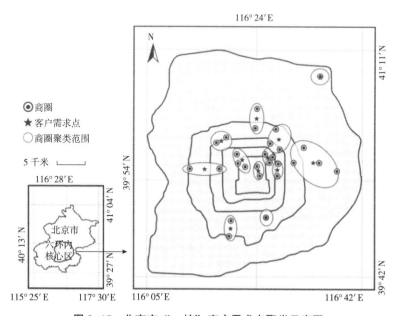

图 2-15 北京市"一核"客户需求点聚类示意图

（二）备选配送中心点的确定

在确定备选配送中心点时，将已建成的配送中心或者正在改建的为保障城市农产品供应的冷链物流配送中心直接作为备选点，如通州马驹桥物流基地、黑庄户农产品物流配送中心、东郊农产品配送中心、南口农产品物流配送中心、北京超市发物流配送中心、大红门货场共6个。北京市规划拟建的配送中心及流通加工中心分布在昌平区、朝阳区、海淀区、通州区和丰台区，在规划拟建配送中心的区域，则根据土地价格以及政府规划（在五环路、六环路周边建立功能完善的物流中心）（Perdana，2012）找出5个比较符合条件的位置作为潜在配送中心点，虽然位置模糊，但是对最后结果影响不大，所以这里做假定处理。所有的备选配送中心点位置及选址成本如表2-2所示。

表2-2　备选配送中心点位置及选址成本　　　　单位：元

备选配送中心点 j	坐标	选址成本 F_j
1	(117, 30)	18980000
2	(138, 73)	14600000
3	(121, 70)	43800000
4	(75, 140)	48180000
5	(55, 98)	56940000
6	(67, 54)	18720000
7	(72, 35)	15780000
8	(18, 45)	949000
9	(40, 158)	4500000
10	(118, 148)	1168000
11	(120, 125)	1224000

综上，北京市"一核"客户需求点与备选配送中心点位置分布示意图如图2-6所示。

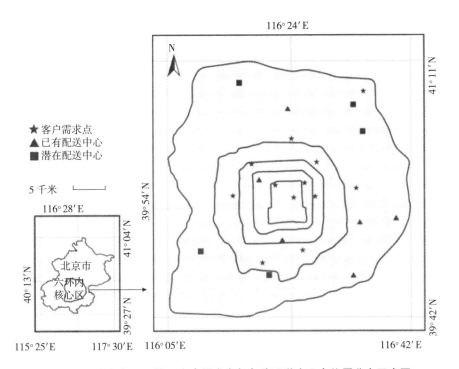

图2-16　北京市"一核"客户需求点与备选配送中心点位置分布示意图

二、原始数据采集及分析

选定的环首都鲜活农产品三级物流供应链系统中，备选配送中心点不仅包括已建或者正在改建的6个配送中心点，还有5个规划拟建的比较合适的潜在配送点（见表2-2）。12个客户需求点的坐标位置和日均需求量如表2-3所示。

表 2-3　12 个客户需求点的坐标位置和日均需求量　　单位：吨

客户需求点 i	坐标	$\tilde{d}_{i1}$	$\tilde{d}_{i2}$	$\tilde{d}_{i3}$
1	(77, 84)	230	248	260
2	(75, 122)	183	200	224
3	(90, 83)	216	262	271
4	(90, 106)	260	316	318
5	(55, 39)	154	169	196
6	(83, 49)	138	159	170
7	(62, 91)	265	278	308
8	(120, 90)	211	247	267
9	(85, 92)	278	286	319
10	(138, 160)	117	134	140
11	(36, 85)	150	173	187
12	(49, 117)	202	214	263

已知下列参数：$C_1 = 3$，$C_2 = 4$，$C_3 = 800$，$L = 10$ 天，$C_q = 600$，$C_h = 1$，$C_s = 4$，$\eta = 360$ 天，其中 1、2、3、4、5、6 分别代表通州马驹桥物流基地、黑庄户农产品物流配送中心、东郊农产品配送中心、南口农产品物流配送中心、北京超市发物流配送中心、大红门货场，是目前北京市在建和已经运行的配送中心；j 代表潜在配送中心点；i 代表客户需求点；$\tilde{d}_{if}(f=1,2,3)$ 的可能性分别为 $p_1 = 0.3$，$p_2 = 0.5$，$p_3 = 0.2$。

三、分析数据确定最优方案

运用 MATLAB 2014a 开发模型方法的算法程序。禁忌搜索算法是一种随机搜索算法，它的初始解关联它的最优结果，因此选择 8 种不同的初始解数据，并记录相应的最优解，然后使用所设计的基于禁忌搜索算法的两阶段启发式算法，优化初始解如表 2-4 所示。

表 2-4 环首都流通圈配送中心 CLRIP 模型初始解和最优解的目标函数值

序号	初始解目标函数值（元）	最优解目标函数值（元）	偏差（%）
1	275524000	225930000	0.18
2	253740000	225830000	0.11
3	250930000	225840000	0.10
4	272170000	225900000	0.17
5	253920000	225990000	0.11
6	259470000	225740000	0.13
7	282210000	225770000	0.20
8	242790000	225800000	0.07

由表 2-4 可知，使用所设计的基于禁忌搜索算法的两阶段启发算法所求得的最优解总成本数都比较接近，8 组数据中最大值是 225990000 元，最小值为 225740000 元，它们彼此之间的偏差很小，仅为 0.02%，且总成本的最优解与初始解之间偏差范围为 0.07%～0.20%，证明设计的 CLRIP 集成优化模型与基于禁忌搜索算法的两阶段启发算法是可行有效的。通过这种方法，计算得出的配送中心最优空间布局及库存、路径方案结果是相对准确的。因此，由表 2-4 可以得出，最优成本方案目标函数值为 225740000 元。在最优成本条件下，运用倒推法计算拟开放的备选配送中心点位置及其配送路径、选址成本、库存成本、运输成本，如表 2-5 所示。

在最优解的各单项成本中，库存成本所占比重最大，这是由于为了保证需求，农产品的生产周期与订货周期之间客户需求点的总需求量导致的库存成本较高；选址成本次之，选址成本偏高是因为北京市的地域位置所决定的，是没有办法调和的土地价格矛盾，属于正常范畴；运输成本相对较低，这是由于大部分的备选配送中心点在选址时都考虑到流通时间与配送效率，设立于北京市六环附近，本身运输距离就短，加之进京交通的便利性，因此运输成本在三项成本中所占比例最低。

表 2-5　环首都流通圈鲜活农产品配送系统 CLRIP 模型的最优解

最优成本（元）		开放的配送中心	路径	T（天）	S_j（吨）
选址成本	108432000	2	8→3	36	12250
		5	11→12	36	8417
库存成本	113595000	6	1→7	36	11806
		7	5→6	36	8749
运输成本	3713000	10	2→10	36	10057
		11	4→9	36	14443
总成本（元）		225740000			

　　参照最优解，从备选配送中心点中开放 2、5、6、7、10、11 共 6 个配送中心集成绘制相应的最优配送中心选址—路径—库存方案（见图 2-17）和配送中心最优空间布局（见图 2-18），可以满足北京市"一核"内的消费需求。图 2-17 为最优方案简图，★代表客户需求点，▲或■代表备选配送中心，环形代表配送线路，如车辆从配送中心 2 出发，给客户需求点 8 配货后再到客户需求点 3，然后回到配送中心，其余线路以此类推。

　　下面对案例中的相关数据和结果做简单的分析与总结。由表 2-2 可以看出，各备选配送中心点选址成本相差较大，如北京超市发物流配送中心是黑庄户农产品物流配送中心选址成本的 3.9 倍，造成这种落差的关键原因是地理位置不同，土地价格相差大。因此在规划物流节点布局时选址合理与否直接影响整个选址的成本高低，如果选择土地成本比较高的区域则对整个目标函数总成本的影响都比较显著。在本算例中，由于需求量与供应量的匹配度，11 个备选配送中心点中只需要开放 6 个就能满足需求，各个方案的目标函数成本，除选址成本这一影响总成本的因素外，库存成本与运输成本也会随着方案的不同波动比较大。不同的方案中各个配送中心的配送客户需求点、配送路径均不同，点与点之间运输距离会随之改变，相应的运输成本就会相差很大；而各个配送中心匹配的客户需求点的总需求量波动不同，库存水平、缺货损失就会出现连锁反应的不同，目标函数值差异也会很大。因此，在规划配送中心的空间节点布局时，要使选址—路径—库存方案尽可能地达到最优化，除了考虑选址成本，各个配送中心

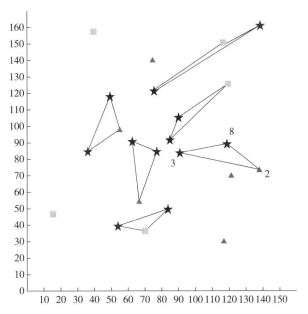

图 2-17　环首都流通圈最优配送中心的选址—路径—库存方案

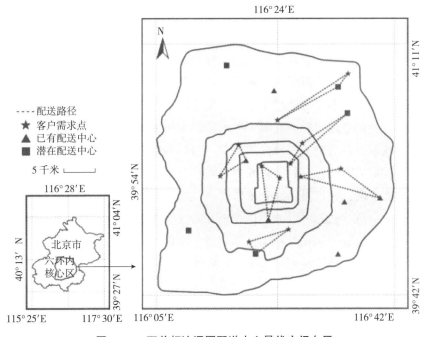

图 2-18　环首都流通圈配送中心最优空间布局

的配送路径与库存水平同样影响重大，它们不仅控制着末端运输成本，而且制约着配送的及时性与集成优化程度。

四、结论

根据《北京城市总体规划（2016-2035年）》与环首都流通圈规划，整合京津冀地区物流配送资源，构建了基于"一核"消费市场为导向、"双层+多中心"物流配送节点建设为重点、京津冀地区交通网络为依托的环首都流通圈鲜活农产品三级物流供应链系统。运用CLRIP集成优化方法对环首都流通圈物流供应链的配送中心选址、路径、库存控制进行协调优化，建立鲜活农产品配送中心空间布局优化模型。参考赢商大数据，以北京六环内27个商圈为客户需求点，以北京六环附近已建配送中心及拟建配送中心为备选配送中心点，以河北省盐山县的鲜活农产品物流基地为产地，验证优化模型的可行性和实用性，为环首都流通圈配送中心提供最优空间位置布局、配送路径和库存水平点，在成本可控下实现最优选址—路径—库存，形成多个"组团式"的配送中心空间布局。本章研究成果可以为物流供应链的深入研究提供思路、理论和方法上的借鉴，为落实环首都流通圈规划，优化物流配送企业组织结构提供参考。

本章研究的不足之处在于环首都流通圈的范围比较大，涉及的供应链系统复杂，由于调研样本有限，考虑的因素可能不够全面。结合目前阶段性研究成果，指出进一步研究的方向：目标函数总成本除选址成本、库存成本与运输成本外，在后续研究中可以将其他成本考虑在内，使成本最优方案更加准确；客户需求点是按照商圈进行规划的，统计的客户需求相对比较模糊，后续研究可以考虑找到更好的统计方法；环首都流通圈鲜活农产品物流供应链的优化，除优化配送中心空间节点布局外，还可以考虑从组织结构布局、供应链管理系统等方面进行优化。

第三章

模糊随机需求下配送中心布局优化

——以北京地区生鲜冷链配送中心发展规划为例

生鲜农产品主要包括蔬菜、水果、花卉、肉、蛋、奶以及水产品等，其最典型特征是易腐易损性，这类产品生产后品质遵循 3T 原则，即由储藏和流通时间（Time）、温度（Temperature）、产品耐藏性（Tolerance）来决定。受生产的时间和地域影响，整体来看，我国生鲜农产品流通呈现出"小生产"与"大市场"的格局。作为居民日常生活消费的必需品，生鲜农产品流通关系着农民的"钱袋子"和市民的"菜篮子"，优化生鲜农产品流通对于调节产销关系、保障市场供应、稳定民生起着重要作用①。实践表明，使用冷链是提升易变质物品运输效率的有效途径，但相较于一般物流，冷链物流设备设施更为复杂，建设及运营成本更大，因此，稳供降本增效是现阶段生鲜冷链物流发展的目标。

　　国家标准 GB/T 18354—2021《物流术语》对物流网络的定义是：通过交通运输线路连接分布在一定区域的不同物流节点所形成的系统。通俗来讲，物流网络是由若干个节点及其节点之间相连的线路组成的。整个物流网络的运行效率直接取决于各网络要素之间运作是否高效顺畅以及是否能够高度协调。在由"物流基地—配送中心—末端配送网点"构成的三级冷链物流配送网络中，物流基地包括大型仓库及物流园区，因考虑到土地成本通常建在产地附近或城市边缘，数量较少，大部分处于正常运营状态，所以可以将现有的相关物流设施直接纳入。在这一物流节点上，将对生鲜农产品进行预冷、初级加工等。配送中心是物流基地和末端配送网点之间的中转站，集加工、分拣、配送、统一进货等多种功能于一体，其布局的合理性决定了整个物流网络的灵活性和工作效率。末端配送网点主要由购物广场、连锁超市、前置仓等具有销售、配送与自提功能的商业设施组成，通常建在人口较为集中且周边配套设施齐全的区域，如商圈、社区周

---

　　① 资料来源：《关于进一步优化发展环境促进生鲜农产品流通的实施意见》（发改经贸〔2020〕809号）。

边等，近距离使其能够快速响应消费者需求，完成"最后一公里"配送。三级冷链物流配送网络节点功能如图 3-1 所示。

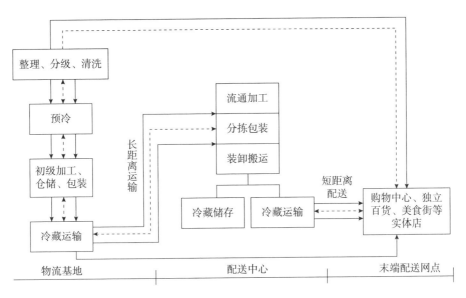

图 3-1 三级冷链物流配送网络节点功能

国内外的物流实践证明，发展专业化、社会化的冷链配送中心是实现这一目标的有效途径，也是解决冷链物流上下游衔接的重要举措。冷链配送中心的空间布局决定了整个物流网络的结构和规模，是物流网络构造和设计的核心环节，无论是对国家整个冷链物流业的网络规划，还是企业自身的经济发展，空间布局优化都具有举足轻重的作用。

第一节
模糊随机变量

在现实生活中，需求等变量受多因素影响很难保持稳定，于是学者引入了不确定性模型用于描述其动态变化特征。不确定性模型根据不确定性信息的性质可分为两类：一是随机规划模型，二是模糊规划模型。

随机性和模糊性虽然都是不确定的，描述随机性的概率函数和描述模糊性的隶属函数都是在［0，1］区间取值，但两者有本质的区别。随机性是指随机事件是否发生在试验之前无法确定，但大量试验的结果呈现出统计规律性，且试验的结果本身是十分明确的，需要用概率论来研究与处理。而模糊性不仅试验之前无法确定其结果且试验的结果仍具有模糊性，而且需要用模糊数学来研究与处理（汪培庄，1985）。

一、随机变量

（一）随机变量的定义

随机现象是在一定条件下，在少数几次试验中呈现不确定性，但在大量重复试验中，其结果又具有一定规律性的现象。即在相同条件下重复进行试验，每次结果均具有随机性，在试验之前只知道其取值的范围（范围可以是有限的，也可以是无限的），每个值都是精确的，但无法确定最终会取得哪种结果。比如抛硬币试验，结果有正面朝上和反面朝上两种，尽管每种结果出现的概率各为 50%，却不能确定每次抛出后得到哪种结果，多次重复试验后又会得出一定的统计规律。概率反映了一定条件对事物的内在联系与制约，概率的客观意义可以由随机试验中所呈现的频率稳定性来承担（李洪兴，1987）。生活中随机试验现象无处不在，如一天内某超市销售某种商品的数量，早上 8 点某站台排队等待乘坐公交车的人数等。

定义 1-1：设 ξ 是一个从样本空间 Ω 到全体实数集 $\mathbf{R}$ 的函数，A 由 Ω 的一些样本点构成，如果对于 $\mathbf{R}$ 上的任意 Borel 集 $B \in \mathbf{R}$，有 $\{\omega \in \Omega | \xi(\omega) \in B\} \in$ A，则称 ξ 为随机变量（肖灵芝，2013）。

随机试验 E 的样本空间 Ω 由 E 所有可能的结果构成，每种可能的试验结果又称基本事件。每个基本事件 ω 都有唯一的实数与之对应。随机变量（Random Variable）表示随机试验各种结果的实值单值函数。随机事件不论与数量是否直接有关，都能用数量化的方式表达。简言之，随机变量是指随机事件的数量表现（董玉革，2000）。

（二）随机变量的类型

按照随机变量可能的取值，可以将其分为离散型随机变量和连续型随机变量两种基本类型。

1. 离散型（Discrete）随机变量

在一定区间内变量取值为有限个或可数个。例如，一次性掷 5 个硬币，正面朝上的硬币数量；2022 年某市新生儿数量；等等。设 X 为离散型随机变量，它的一切可能取值为 $x_1, x_2, \cdots, x_n, \cdots$，则记 $P = P\{X = x_n\}$，$n = 1, 2, 3, \cdots$ 为 X 的概率函数或概率分布。如果 X 是离散型随机变量，具有概率密度函数 $p(x)$，那么 X 的期望值表述为 $E(X) = \sum_{x, p(x)} xp(x)$。

常见的离散分布有二项分布、泊松分布等。二项分布是指设事件 A 发生的概率为 p，不发生的概率为 1-p，用 X 表示 n 重伯努利试验中事件 A 发生的次数，根据伯努利概型，有 $P\{X = k\} = C_n^k p^k (1-p)^{n-k}$，$k = 0, 1, \cdots, n$，若随机变量 X 的概率分布满足上面的式子，则称 $X \sim B(n, p)$。泊松分布是指若一个随机变量 X 的概率分布满足下面的式子，$P\{X = k\} = e^{-\lambda} \dfrac{\lambda^k}{k!}$，则称 $X \sim P(\lambda)$。

2. 连续型（Continuous）随机变量

在一定区间内变量取值有无限个，或数值无法一一列举出来。例如，某棵桃树上所结桃子的直径，某人在公交站台等车的时间等。如果 X 是具有概率密度函数 $f(x)$ 的连续型随机变量，那么 X 的期望值就定义为 $E(X) = \int_{-\infty}^{+\infty} xf(x) dx$。

常见的连续型随机分布有均匀分布、指数分布、正态分布。若连续型随机变量 X 的概率密度为 $f(x) = \begin{cases} \dfrac{1}{b-a}, & a < x < b \\ 0, & 否则 \end{cases}$，则称 X 在区间 (a, b) 上服从

均匀分布。指数分布是指 X 的概率密度服从 $f(x) = \begin{cases} \lambda e^{-\lambda x}, & x>0 \\ 0, & \text{否则} \end{cases}$，$\lambda > 0$。若

连续型随机变量 X 的概率密度为 $f(x) = \dfrac{1}{\sigma\sqrt{2\pi}} e^{-\frac{(x-\mu)^2}{2\sigma^2}}$，$-\infty < x < \infty$，则称 X

服从参数为 μ 和 σ^2 的正态分布。

（三）随机需求

随机需求（Stochastic Demand）认为市场受多因素影响是随时波动的，在一定时期内无法用定值来表示。在配送问题中若使用固定需求，当客户需求量减小时，则会出现部分车辆空载浪费运力；当客户需求量增大时，则部分客户需求无法得到满足，需再派车进行二次服务，进而增加运输成本。在文献中，学者通常用期望、方差等进行处理。赵霞和吴方卫（2009）认为受随机扰动因子的影响，实际市场需求会在价格函数附近随机波动，因此在假设需求扰动服从均匀分布情形下对单个生产商和零售商的供应链协调问题进行了研究；Lan 等（2011）假设随机需求服从泊松分布，提出对易变质物品补货时应考虑累积配送的时间和数量；王梦梦和韩晓龙（2019）提出考虑客户随机需求的易腐品供应链选址—路径—库存联合优化模型，用于优化供应链运作，降低总成本和碳排放；Bernardo 等（2022）提出随机需求会影响解决方案的质量和可行性，因此对具有随机需求的有容量限制的车辆路径问题（CVRPSD）进行鲁棒优化。

二、模糊变量

随机变量可能需要有大量的历史数据进行统计分析才能得到其分布函数，但在很多情况下，历史数据很难获得或并不确切，因此很难用分布函数准确地描述这些状态。例如，高与矮、胖与瘦、漂亮与丑陋，这些并不能通过准确的数字来定义，每种状态是在模糊的范围或者区间内呈现出来的，于是学者开始用模糊变量来描述这些结果的不确定性。模糊性的根源

在于客观事物的差异之间存在着中介过渡，即亦此亦彼的现象（李洪兴，1987）。在隶属关系不明确的集合中，通过隶属函数描述元素属于集合的程度，隶属函数通常由有经验的部门经理或专家学者给出。一般情况下，确定隶属函数比随机变量分布函数要相对容易一些。

（一）模糊变量的定义

在明确集合 A 中，若问元素 x 是否属于该集合，答案是非此即彼的，要么属于，要么不属于。如果用 0 和 1 两个数值来描述此关系，则

$\mu_A(x) = \begin{cases} 1, & x \in A \\ 0, & x \notin A \end{cases}$。而在模糊集合 $\tilde{A}$ 中，在论域 U 内，对任意 $x \in U$，x 常以某种程度 μ 属于 $\tilde{A}$，$\mu \in [0,1]$。

定义 1-2：设 $\tilde{A}$ 为论域 U 的一个子集，对于任意元素 $\tilde{x}$，存在 $\tilde{x} \in U$，有 $\mu_A(\tilde{x}) \in [0,1]$ 与函数 $\mu_A : U \to [0,1]$ 对应，则称 A 为模糊集，μ_A 为 A 的隶属函数，$\mu_A(\tilde{x})$ 为 $\tilde{x}$ 对模糊集 A 的隶属度。$\mu_A(\tilde{x})$ 的值越大，$\tilde{x}$ 属于 A 的可能性越大（Zadeh，1965）。

例如，用 A 表示"大苹果"的集，并假定直径 80 毫米以上的苹果必为大，而直径 60 毫米以下的苹果都不属于大。用 d 表示一筐苹果中各苹果的直径，并给出如下隶属函数：

$$\mu_A(d) = \begin{cases} 0, & d < 60 \\ 2\left(\dfrac{d-60}{20}\right)^2, & 60 \leqslant d < 70 \\ 1 - 2\left(\dfrac{d-70}{20}\right)^2, & 70 \leqslant d < 80 \\ 1, & d \geqslant 80 \end{cases}$$

取 d 分别等于 65 毫米、75 毫米，则 $\mu_A(d)$ 分别等于 0.125、0.875，即直径 65 毫米、75 毫米的苹果分别以 0.125 和 0.875 的程度属于大苹果。

模糊事件的概率测度定义表述如下。

定义 1-3：设 (δ, F, P) 是概率测度空间，如果 $A \in F_f = \{A \in F(\delta) | A_\alpha \in F, \alpha \in [0,1]\}$，则称 A 是 δ 上的模糊事件。其等价定义如下：设

(δ, F, P) 是概率测度空间，H 是 F 上的集合套，即 $H: [0,1] \to F$；令 $F_f \triangleq \{A = \bigcup_{\alpha \in [0,1]} \alpha H(\alpha) | H\}$，则称 F_f 为 F 生成的 σ-代数，$A \in F_f$ 称为模糊事件（刘永霞，2013）。

在此基础上，令 $P_z(A) \triangleq \int \mu_A(\omega) dP = E(\mu_A)$，如果 μ_A 是勒贝格可测的，则称 $P_z(A)$ 是模糊事件 A 的概率，P_z 称为模糊 σ-代数 F_f 上的模糊概率测度。

如果 $\delta = (\omega_1, \omega_2, \cdots)$ 是可测集，记 $p_i = P_z(\{\omega_i\})$，则离散型模糊事件的概率为 $P_z(A) = \sum_{i=1}^{+\infty} A(\omega_i) p_i$（王平、张国立，2003）。

定义 1-4：若 ξ 是从可信性空间 $(\Theta, P(\Theta), Pos)$ 到实数集 **R** 上的一个模糊变量，则称 $E[\xi] = \int \left[\int_0^{+\infty} Cr\{\xi(\omega) \geq r\} dr - \int_{-\infty}^0 Cr\{\xi(\omega) \leq r\} dr \right] P_r(d\omega)$ 为模糊变量 ξ 的期望值（Liu and Liu，2003a）。

（二）模糊数类型

常见的模糊数有三角模糊数和梯形模糊数等。

1. 三角模糊数

设模糊数 $s = (a, b, c)$，a 和 c 分别为模糊数的下限和上限，b 为可能性最大的值，那么其隶属函数为

$$\mu(x) = \begin{cases} \dfrac{x-a}{b-a}, & a \leq x \leq b \\ \dfrac{c-x}{c-b}, & b \leq x \leq c \\ 0, & 否则 \end{cases}$$

其隶属函数图形似三角形（见图 3-2），故称三角模糊数。

2. 梯形模糊数

设模糊数 $s = (a, b, c, d)$，a 和 d 分别为模糊数的下限和上限，区间 $[b, c]$ 为可能性最大的值，那么其隶属函数为

$$\mu(x)=\begin{cases} \dfrac{x-a}{b-a}, & a\leq x\leq b \\[2mm] 1, & b\leq x\leq c \\[2mm] \dfrac{x-d}{c-d}, & c\leq x\leq d \\[2mm] 0, & 否则 \end{cases}$$

其隶属函数图形似梯形（见图3-3），故称梯形模糊数。

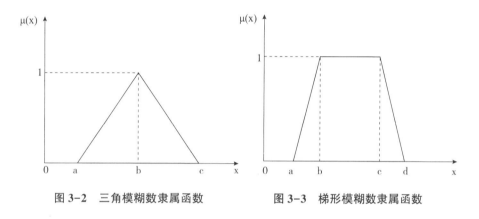

图3-2 三角模糊数隶属函数　　　　图3-3 梯形模糊数隶属函数

（三）模糊需求

当顾客需求在一段时间内不能用精确数值来表示时，模糊需求（Fuzzy Demand）得到了学者的广泛应用。代颖等（2010）以应急救援时间满意度之和最大及系统总成本最小为目标，采用混合遗传算法解决了应急资源需求和应急救援时间范围均模糊的多目标定位—路径问题（LRP）；桑圣举和张强（2013）针对收益共享契约下由单供应商、单零售商组成的VMI库存决策系统，运用可信性理论确定零售商最优补货批量，并得出模糊需求可以有效量化决策者主观判断的结论；胡新学等（2019）针对有机农产品采购问题，建立了模糊需求下单源采购和存在替代品的双源采购模型；范厚明等（2020）以总行驶距离最小和平均客户满意度最大为目标，研究带模糊需求与模糊时间窗的车辆路径问题。

三、模糊随机变量

（一）模糊随机变量的定义

现实生活中模糊性和随机性可能会同时存在，单一的模糊数在有些情况下不能准确地描述不确定性，因此结合某种状态发生的概率一起来描述，于是学术界就出现了模糊随机变量的概念。模糊随机变量实质就是一个取值为模糊集值的随机变量。

定义 1-5：假设用 (Ω, A, P_r) 表示一个概率空间，ξ 是一个从 (Ω, A, P_r) 到模糊变量集合的函数，而且对于 **R** 上的任一 Borel 集 $B \in \mathbf{R}$，$Pos\{\xi(\omega) \in B\}$ 是关于 ω 的可测函数，则称 ξ 为一个模糊随机变量（Liu and Liu, 2003a）。

定义 1-6：在概率空间 (Ω, A, P_r) 上的一个模糊随机变量 ξ，对于任何 ω，θ 和 $\xi(\omega)(\theta)$ 均为实数，设 $\{\xi \in B\}$ 为 $\Omega \times \Theta$ 的一个子集，则称 $\{\xi \in B\} = \{(\omega, \theta) \in \Omega \times \Theta | \xi(\omega)(\theta) \in B\}$ 为模糊随机事件。

定义 1-7：设 ξ 是一个从概率空间 (Ω, A, P_r) 到模糊变量集合的模糊随机变量，则称

$$E[\xi] = \int_0^{+\infty} Cr\{\theta \in \Theta | E[\xi(\theta)] \geqslant r\} dr - \int_{-\infty}^0 Cr\{\theta \in \Theta | E[\xi(\theta)] \leqslant r\} dr$$ 为模糊随机变量 ξ 的期望值，当上述式子等号右边的两个积分中至少有一个是有限的时（Liu and Liu, 2003b）。

模糊随机变量通常用分段函数来表示，$\bar{\tilde{S}}$ 表示模糊随机变量（"~" 符号代表模糊变量，"–" 符号代表随机变量），$\tilde{s}_1$、$\tilde{s}_2$，…，$\tilde{s}_n$ 分别表示 n 种不确定的状态对应的模糊数，通常由专家学者或管理人员根据经验给出，p 表示每种不确定状态发生的概率，其中 $w_1 + w_2 + \cdots + w_n = 1$。

$$\bar{\tilde{S}} = \begin{cases} \tilde{s}_1, & \text{变量为第 1 种状态,} \ p_1 = w_1 \\ \tilde{s}_2, & \text{变量为第 2 种状态,} \ p_2 = w_2 \\ \quad \vdots & \quad\quad\quad \vdots \\ \tilde{s}_n, & \text{变量为第 n 种状态,} \ p_n = w_n \end{cases}$$

如果用三角模糊数来表示模糊变量时,则表示为 $\tilde{s}_f = (\underline{d}_f, d_f, \bar{d}_f)$, $f = 1$, $2, \cdots, n$。$\tilde{s}_f$ 的隶属函数可以表示为

$$\mu(x_f) = \begin{cases} \dfrac{x_f - \underline{d}_f}{d_f - \underline{d}_f}, & \underline{d}_f \leqslant x_f \leqslant d_f \\ \dfrac{\bar{d}_f - x_f}{\bar{d}_f - d_f}, & d_f \leqslant x_f \leqslant \bar{d}_f, \quad \underline{d}_f \text{、} d_f \text{、} \bar{d}_f \text{均为实数} \\ 0, & \text{否则} \end{cases}$$

三角模糊数 $\tilde{s}_f$ 也能用 α 水平集表示,$\tilde{s}_f = \left[(d_f^-)_\alpha, (d_f^+)_\alpha \right] = \left[\underline{d}_f + \alpha(d_f - \underline{d}_f), \bar{d}_f - \alpha(\bar{d}_f - d_f) \right], \alpha \in [0, 1]$。

求取三角模糊数的模糊可能均值方法以及模糊期望值方法都较为简单,$\tilde{s}_f$ 的模糊可能均值表示为 $\bar{M}(\tilde{s}_f) = \int_0^1 \alpha(d_{f\alpha}^- + d_{f\alpha}^+) \, d\alpha = \dfrac{(\underline{d}_f + 4d_f + \bar{d}_f)}{6}$（Oshmita and Chakraborty,2007）,$\tilde{s}_f$ 的模糊期望值表示为

$$E(\tilde{s}_f) = \frac{(\underline{d}_f + 2d_f + \bar{d}_f)}{4}$$（Liu and Liu,2003c）。

那么对于由三角模糊数组成的模糊随机变量 $\bar{\tilde{S}}$ 的模糊可能均值表示为 $\bar{M}(\bar{\tilde{S}}) = \sum_{f=1}^{n} \dfrac{(\underline{d}_f + 4d_f + \bar{d}_f)}{6} p_f$,其模糊期望值表示为 $E(\bar{\tilde{S}}) = \sum_{f=1}^{n} \dfrac{(\underline{d}_f + 2d_f + \bar{d}_f)}{4} p_f$。

(二) 模糊随机需求

当不确定性需求过于复杂多变从而很难用一种固定的分布来描述时,研究结果在不同情况下差别可能较大,于是学者开始用模糊随机需求（Fuzzy Stochastic Demand）来表示需求的不确定性。于春云等（2009）对

多级单周期库存系统在模糊随机和混合随机需求环境下的优化与协调问题进行了研究，并通过隶属函数求出了模糊销售量期望值和销售收益；肖灵芝（2013）针对多级供应链系统，研究在模糊随机需求环境下基于回购契约和收益共享契约的供应链协调与优化问题；Chang 等（2006）在模糊集具有一定的概率基础上，运用三角模糊数解决目标成本函数最小化的问题；陈德慧和陈东彦（2017）针对电子商务配送系统，分析在客户需求具有模糊随机性的情况下，对设施选址、车辆路径和库存控制集成决策来优化配送系统。

第 **二** 节

模糊随机需求下 CLRIP 优化模型建立

物流网络优化问题，实质上是效益与成本的权衡问题，找到一个平衡点，使整体最优，因此要从系统的角度分析 CLRIP。本节从物流配送网络集成优化的角度出发，在明确配送中心在整个物流配送网络中的重要地位后，对配送中心选址、路径规划和库存控制三个因素综合考虑，构建模糊随机需求下生鲜冷链配送中心布局优化模型。

一、问题描述

（一）三级冷链物流配送网络选址—路径—库存问题

假设物流网络由三级节点构成，即在由若干个物流基地、末端配送网点和若干个可供选择的冷链配送中心组成的物流网络中，各个节点都处于不同的地理位置。每个冷链配送中心向上游物流基地订货时无限制，均可以得到满足，但每个处于下游的末端配送网点只能由一个冷链配送中心为其提供配送服务。在物流基地、末端配送网点信息已知的情况下，要想使配送服务低成本、高效率，需要解决以下三个问题。

一是在明确物流基地和末端配送网点的实际信息后，决定要开放的冷链配送中心的数量和位置，即配送中心选址问题。如果选址不恰当可能导致诸多问题，如使建设运营成本大幅度增加，或者选址太偏远使配送效率和客户满意度降低。配送中心选址的原则有费用原则、接近"用户"原则、长远发展原则。配送中心作为经济实体，选址时必须考虑潜在的客户需求多少。首先考虑初期的建设费用、场地租赁费用以及投入的设备设施费用，前期投资巨大，冷库的制冷费用、工人工资等运营费用也不可小觑；配送中心建成后是为末端配送网点提供服务，对于有些产品而言，配送中心可能要一日一次甚至多次配送货物，因此配送中心相距末端配送网点越近越好，不仅能减少运输成本，还能节省路途时间，快速响应用户需求；配送中心选址建设是一个具有前瞻性的活动，一旦建成很难随意拆除或停用，随着城市的发展变革，人口分布也可能有所变动，因此选址时要综合考虑多方面因素。

二是确定运输路线，即物流基地、冷链配送中心、末端配送网点三者之间的路径规划问题。运输路线的选择关乎是否能最大化利用运输车辆，合理设计运行路线不仅能降低运输成本，还能及时满足客户需求。对于从配送中心出发的车辆而言，始点和终点相同，路线形成闭合回路。路线规划的原则有邻近的末端配送网点由同一辆车作业，这样能使点与点之间的运输距离最短，以及运输车辆顺次经过要服务的末端配送网点等。

三是库存控制问题，即根据货物内容、末端需求数量制定冷链配送中心的库存检查策略和确定其订货数量。若存储的货物较少又无法及时补货，则会影响需求点的供应；但如果积压货物太多，则会造成保管成本以及机会损失成本上升。所以库存控制是通过确定最优的补货时机、最优的补货批量以达到使库存成本最小的目的。常用的库存管理方式主要有两种，一种是连续性策略（Q,r），即实时跟踪库存状态变化，当库存水平下降到订货点 r 时，即发出补货请求，补货量为 Q。这种方法一般适用于贵重的高价值货物。另一种是周期性策略（T,S），即每间隔 T 时间查看库存状态，将库存水平补充到 S，一般适用于常规货物、易耗品等。

以上三种因素共同决定了物流网络的大小、规模、形状等，牵一发而动全身。在末端配送网点数量和需求量固定的情况下，如果扩大某个冷链配送中心的面积从而增加其库存容量，那么其余的冷链配送中心的库存水平可以有所下降，相对应的运输路径也会有所调整，对应的配送时间也会有所改变。因此将三者联合研究，集成优化最为合适。

本章中三级冷链物流配送网络包括一个物流基地、多个冷链配送中心、多个末端配送网点，三级物流配送网络结构如图 3-4 所示。

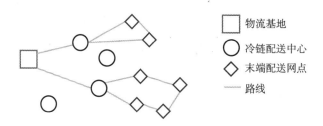

图 3-4　三级物流配送网络结构

假定同一类型的生鲜农产品都是从同一个物流基地 A 运输至各个冷链配送中心 J，然后配送至末端配送网点 I。末端配送网点的需求具有模糊随机性，但末端配送网点的数量与位置可以确定，可供选择的冷链配送中心的数量和位置也已知，且同时具有库存与配送的运作能力。车辆采用巡回路线将生鲜农产品配送到相应的末端配送网点。采用周期性库存策略，每隔时间 T 进行一次订货，周期内不补货。在这种情况下，本章建立的优化模型需要确定冷链配送中心最优的开放个数与相应的地理位置、各个冷链配送中心为末端配送网点提供货物的最优巡回路线以及每个冷链配送中心的订货周期与目标库存量。

（二）需求的模糊随机性

生鲜冷链配送中心根据预测的需求量向物流基地订购下一周期的生鲜农产品，订购与消费时间的不一致性导致很难准确预测消费需求情况。预测时根据以往的大量数据来刻画随机需求分布函数，但具体数据可能很难获得，而且消费需求受价格、饮食偏好、饮食文化、时令季节等多方面因素影响变化明显，于是引入模糊理论，采用模糊随机需求来描述末端配送网点的消费需求状况。下一周期消费需求有三种不确定性状况，分别是消费需求疲软、消费需求一般、消费需求旺盛。第 f 种不确定性状况发生的概率为 $p_f, \sum_{f=1}^{3} p_f = 1, \tilde{d}_f = (d_{f1}, d_{f2}, \bar{d}_{f3})$，其中 f = 1, 2, 3，具体如下：

$$\bar{\tilde{d}} = \begin{cases} \tilde{d}_1, & \text{消费需求疲软，} p_1 \\ \tilde{d}_2, & \text{消费需求一般，} p_2 \\ \tilde{d}_3, & \text{消费需求旺盛，} p_3 \end{cases}$$

二、基本假设、模型参数和决策变量

（一）基本假设

在物流运输过程中，会受到多种因素的影响，如天气条件、道路状况等，为便于本章研究，在不影响实际物流运作的前提下，特做出以下几点假设：①同一级节点工作时间相同，生鲜冷链配送中心每天都要为末端配送网点提供一次作业服务；②所配送的货物为同类产品，配送方式相同，恒温恒湿，不考虑由于搬卸带来的损失；③末端配送网点的需求量各自独立；④每个末端配送网点仅存在于一条配送路线上，且只能被访问一次；⑤每辆车提供配送服务时路线的起点和终点是同一个生鲜冷链配送中心；⑥各个节点之间的距离为直线距离。

（二）模型参数

I 为所有末端配送网点节点集合，$I = \{i | i = 1, 2, 3, \cdots, n\}$；J 为所有可供选择的生鲜冷链配送中心节点集合，$J = \{j | j = 1, 2, 3, \cdots, m\}$；$R = I \cup J$；K

为运输车辆数，$K = \{k \mid k = 1, 2, 3, \cdots, k\}$；$B_j$ 为可供选择的生鲜冷链配送中心 j 建设运营成本（单位：元/月）；C_1 为从物流基地到生鲜冷链配送中心的单位运输费用（单位：元/吨）；C_2 为从生鲜冷链配送中心到末端配送网点的单位运距费用（单位：元/千米）；C_3 为生鲜冷链配送中心每次的订货成本（单位：元/次）。L 为订货提前期（单位：天）；T 为生鲜冷链配送中心的订货周期（单位：天）；$\tilde{\bar{D}}_j$ 为每天生鲜冷链配送中心 j 所服务的末端配送网点的模糊随机需求量之和（单位：吨）；$\tilde{\bar{D}}_{L+T,j}$、$\tilde{\bar{D}}_{L,j}$、$\tilde{\bar{D}}_{T,j}$ 表示被生鲜冷链配送中心 j 服务的末端配送网点分别在 $L+T$、L 和 T 天内的模糊随机需求量之和（单位：吨）；满足如下关系：

$$\tilde{\bar{D}}_{L+T,j} = \tilde{\bar{D}}_j \times (L+T), \tilde{\bar{D}}_{L,j} = \tilde{\bar{D}}_j \times L, \tilde{\bar{D}}_{T,j} = \tilde{\bar{D}}_j \times T$$

$\tilde{\bar{d}}_i$ 为末端配送网点 i 每日的模糊随机需求量（单位：吨）；S_j 为生鲜冷链配送中心 j 的目标库存量（单位：吨）；η 为生鲜冷链配送中心每月工作天数（单位：天）；C_h 为生鲜冷链配送中心存储产品时的单位库存成本（单位：元/吨·天）；C_s 为生鲜产品单位价值（单位：元/吨）；C_q 为车辆承载能力（单位：吨）。l_{aj} 为从物流基地到生鲜冷链配送中心 j 的距离（单位：千米）；l_{ri} 为从生鲜冷链配送中心（或末端配送网点）到末端配送网点的距离（单位：千米）；θ 为反应常数；v 为车辆平均行驶速度（单位：千米/小时）。

（三）决策变量

$$x_{ri}^k = \begin{cases} 1, & \text{冷藏车辆 } k \text{ 从节点 } r \text{ 经过到达 } i \\ 0, & \text{否则} \end{cases}, \quad r \in R, i \in I, k \in K$$

$$y_j = \begin{cases} 1, & \text{生鲜冷链配送中心 } j \text{ 开放} \\ 0, & \text{否则} \end{cases}, \quad j \in J$$

$$z_{ij} = \begin{cases} 1, & \text{末端配送网点 } i \text{ 分配给生鲜冷链配送中心 } j \\ 0, & \text{否则} \end{cases}, \quad i \in I, j \in J$$

三、建立模型

农产品流通作为一项商业经营活动，一般而言，总成本最低是其物流网络优化时考虑的核心目标，运营总成本包括建设成本、库存成本、运输成本及货损成本等。

（一）建设成本

一是生鲜冷链配送中心的固定选址成本，如租赁或自建冷库、购买或租赁设备设施所需的费用等；二是生鲜冷链配送中心维持正常运转的运营成本，包括仓库制冷成本、工作人员工资等。通常假定建设成本为固定数值，因此生鲜冷链配送中心的建设成本可表示为：$F_1 = \sum\limits_{j \in J} B_j y_j$。

（二）库存成本

库存成本由生鲜冷链配送中心的订货费用、库存保管费用和缺货损失费用三部分组成。订货周期为 T，首先确定每月订货次数 $\dfrac{\eta}{T}$，由此每月的订货成本为 $\sum\limits_{j \in J} \dfrac{\eta C_3}{T} y_j$；当实际市场需求量大于目标库存量时产品供不应求，缺货数量为 $\max(\overline{\widetilde{D}}_{L+T,j} - S_j, 0)$，记为 $\overline{M}(\overline{\widetilde{D}}_{L+T,j} - S_j)^+$，则期望缺货损失费用为 $\sum\limits_{j \in J} \dfrac{\eta C_s}{T} \overline{M}(\overline{\widetilde{D}}_{L+T,j} - S_j)^+ y_j$；生鲜农产品在冷库存储产生的库存保管费用为 $\sum\limits_{j \in J} C_h \left(S_j - \overline{\widetilde{D}}_{L,j} - \dfrac{1}{2}\overline{\widetilde{D}}_{T,j} \right) y_j$（Dey and Chakraborty，2009）。因此生鲜冷链配送中心的库存成本可表示为：

$$F_2 = \sum\limits_{j \in J} \left[\dfrac{\eta C_3}{T} + C_h\left(S_j - \overline{\widetilde{D}}_{L,j} - \dfrac{1}{2}\overline{\widetilde{D}}_{T,j} \right) + \dfrac{\eta C_s}{T} \overline{M}\left(\overline{\widetilde{D}}_{L+T,j} - S_j \right)^+ \right] y_j$$

（三）运输成本

从物流基地到末端配送网点的运输成本包含两部分，分别是物流基地到冷链配送中心的一级运输成本和从冷链配送中心到末端配送网点的二级运输成本，因此运输成本可表示为：

$$F_3 = \sum_{j \in J} \frac{\eta}{T} \overline{D}_{L+T,j} C_1 y_j + \sum_{r \in R} \sum_{i \in I} \sum_{k \in K} \eta l_{ri} C_2 x_{ri}^k \circ$$

（四）货损成本

生鲜农产品质量遵循 3T 原则，即生鲜品质量由储藏和流通时间、温度和产品耐藏性共同决定。目前，学术界普遍认同生鲜农产品有一个质量期限，其变化过程可以分为三个阶段，如图 3-5 所示：第一阶段质量良好，无明显变化；第二阶段质量开始出现明显变化，但在第一、第二阶段都是适宜食用的；第三阶段变质明显，不推荐食用。由于产销分离，受运输距离的限制，有时很难做到在第一阶段就将生鲜农产品送至末端配送网点，所以应考虑货损成本。

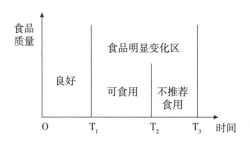

图 3-5　生鲜食品质量与时间的关系

假定在运输过程中保持恒温恒湿，只考虑由时间带来的货损成本。根据生鲜农产品的腐败速率函数 $B(t) = B_0 e^{-\theta t}$，$B(t)$ 表示生鲜农产品在 t 时刻的品质，B_0 表示初始品质。因此生鲜农产品的货损成本可表示为：

$$F_4 = \sum_{j \in J} \frac{\eta}{T} C_s \overline{D}_{L+T,j} (1 - e^{-\frac{\theta l_{aj}}{v}}) y_j + \sum_{r \in R} \sum_{i \in I} \sum_{k \in K} C_s \eta \tilde{d}_i (1 - e^{-\frac{\theta l_{ri}}{v}}) x_{ri}^k。$$

综上，系统运营总成本为

$$\overline{F} = F_1 + F_2 + F_3 + F_4$$

$$= \sum_{j \in J} B_j y_j + \sum_{j \in J} \left[\frac{\eta C_3}{T} + C_h \left(S_j - \overline{D}_{L,j} - \frac{1}{2} \overline{D}_{T,j} \right) + \frac{\eta C_s}{T} \overline{M} (\overline{D}_{L+T,j} - S_j)^+ \right] y_j +$$

$$\sum_{j \in J} \frac{\eta}{T} \overline{D}_{L+T,j} C_1 y_j + \sum_{r \in R} \sum_{i \in I} \sum_{k \in K} \eta l_{ri} C_2 x_{ri}^k +$$

$$\sum_{j \in J} \frac{\eta}{T} C_s \overline{D}_{L+T,j} (1 - e^{-\frac{\theta l_{aj}}{v}}) y_j + \sum_{r \in R} \sum_{i \in I} \sum_{k \in K} C_s \eta \tilde{d}_i (1 - e^{-\frac{\theta l_{ri}}{v}}) x_{ri}^k \qquad (3-1)$$

s. t.

$$\overline{D}_j - \sum_{i \in I} \tilde{d}_i z_{ij} = 0, \ j \in J, \ i \in I \qquad (3-2)$$

$$\sum_{r \in R} x_{ri}^k - \sum_{r \in R} x_{ir}^k = 0, \ r \in R, \ i \in I, \ r \neq i, \ k \in K \qquad (3-3)$$

$$\sum_{r \in J} \sum_{i \in I} x_{ri}^k \leqslant 1, \ k \in K \qquad (3-4)$$

$$\sum_{r \in R} \sum_{k \in K} x_{ri}^k = 1, \ i \in I \qquad (3-5)$$

$$y_j \geqslant z_{ij}, \ i \in I, \ j \in J \qquad (3-6)$$

$$\sum_{r \in R} \sum_{i \in I} \tilde{d}_i x_{ri}^k \leqslant C_q, \ k \in K \qquad (3-7)$$

$$x_{ri}^k = \{0,1\}, \ r \in R, \ i \in I, \ r \neq i, \ k \in K \qquad (3-8)$$

$$y_j = \{0,1\}, \ j \in J \qquad (3-9)$$

$$z_{ij} = \{0,1\}, \ i \in I, \ j \in J \qquad (3-10)$$

约束条件式（3-2）表示每个生鲜冷链配送中心的需求量等于所服务的末端配送网点的需求量之和；约束条件式（3-3）表示从生鲜冷链配送中心向末端配送网点配送时，车辆服务完一个末端配送网点后继续为剩下的末端配送网点提供作业服务；约束条件式（3-4）表示每辆车最多只能为一个生鲜冷链配送中心工作，起始点和终点为同一个配送中心；约束条件式（3-5）表示每个末端配送网点只能由一个生鲜冷链配送中心为其提供货物，即每个末端配送网点只能由一辆车为其服务；约束条件式（3-6）表示只有最终被选择的生鲜冷链配送中心才能为末端配送网点提供货物；约束条件式（3-7）表示车辆服务的末端配送网点需求之和不能超过车载容量；式（3-8）、式（3-9）和式（3-10）为0-1决策变量。

四、模型求解

当生鲜冷链配送中心 j 在 L+T 时期内的需求量 $\overline{D}_{L+T,j}$ 超过其目标库存量 S_j，就会发生缺货。但由于 $\overline{\overline{D}}_{L+T,j} = [\underline{D}_{L+T,j}, \overline{D}_{L+T,j}]$，因此 S_j 在上述区间中所处位置不同会造成不同的缺货量。

首先建立隶属度函数：

$$\mu(S_j) = \begin{cases} \dfrac{S_j - \underline{D}_{L+T,j}}{D_{L+T,j} - \underline{D}_{L+T,j}}, & \underline{D}_{L+T,j} \leq S_j \leq D_{L+T,j} \\ 0, & \text{其他} \\ \dfrac{\overline{D}_{L+T,j} - S_j}{\overline{D}_{L+T,j} - D_{L+T,j}}, & D_{L+T,j} \leq S_j \leq \overline{D}_{L+T,j} \end{cases}$$

令 $L(S_j) = \dfrac{S_j - \underline{D}_{L+T,j}}{D_{L+T,j} - \underline{D}_{L+T,j}}$，$R(S_j) = \dfrac{\overline{D}_{L+T,j} - S_j}{\overline{D}_{L+T,j} - D_{L+T,j}}$。

当 $\underline{D}_{L+T,j} \leq S_j \leq \overline{D}_{L+T,j}$ 时，$\overline{\overline{D}}_{L+T,j} - S_j$ 的 α 水平集为

$$\left(\overline{\overline{D}}_{L+T,j} - S_j\right)_\alpha = \begin{cases} \left[0, (D^+_{L+T,j})_\alpha - S_j\right], & \alpha \leq L(S_j) \\ \left[(D^-_{L+T,j})_\alpha - S_j, (D^+_{L+T,j})_\alpha - S_j\right], & \alpha > L(S_j) \end{cases}$$

则期望缺货量的模糊可能均值表达式为（Dey and Chakraborty，2009；陈德慧、陈东彦，2017）：

$$\overline{M}(\overline{\overline{D}}_{L+T,j}-S_j)^+ = \int_0^1 \alpha((D^+_{L+T,j})_\alpha - S_j)d\alpha + \int_{L(S_j)}^1 \alpha((D^-_{L+T,j})_\alpha - S_j)d\alpha$$

$$= (L+T)W_j + \frac{1}{6}L^2(S_j)[S_j-(L+T)\underline{D}_j]-S_j$$

其中，$W_j = \sum_{f\in F}\left[\frac{1}{6}(\underline{D}_{jf}+\overline{D}_{jf}) + \frac{2}{3}D_{jf}\right]p_f$。

此时库存成本 $F_2 = \sum_{j\in J}\left\{\frac{\eta C_3}{T}+S_jC_h-\left(L+\frac{T}{2}\right)C_hW_j+\frac{\eta C_s}{T}\left\{(L+T)W_j-S_j+\right.\right.$

$\left.\left.\frac{1}{6}L^2(S_j)[S_j-(L+T)\underline{D}_j]\right\}\right\}y_j$。

同理，当 $D_{L+T,j} \leq S_j \leq \overline{D}_{L+T,j}$ 时，期望缺货量的模糊可能均值表达式为：

$$\overline{M}(\overline{\overline{D}}_{L+T,j}-S_j)^+ = \int_0^{R(S_j)}\alpha(D^+_{L+T,j})_\alpha d\alpha - \frac{1}{2}S_jR^2(S_j) = \frac{1}{6}R^2(S_j)[(L+T)\overline{D}_j-S_j]。$$

此时库存成本

$$F_2 = \sum_{j\in J}\left\{\frac{\eta C_3}{T}+S_jC_h-\left(L+\frac{T}{2}\right)C_hW_j+\frac{1}{6}R^2(S_j)[(L+T)\overline{D}_j-S_j]\right\}y_j。$$

运输成本 F_3 等价转换为：$F_3 = \sum_{j\in J}\frac{\eta}{T}(L+T)W_jC_1y_j+\sum_{r\in R}\sum_{i\in I}\sum_{k\in K}\eta l_{ri}C_2x^k_{ri}$。

货损成本 F_4 等价转换为：

$$F_4 = \sum_{j\in J}\frac{\eta}{T}(L+T)W_jC_s(1-e^{-\frac{\theta l_{aj}}{v}})y_j+\sum_{r\in R}\sum_{i\in I}\sum_{k\in K}\eta C_sW_i(1-e^{-\frac{\theta l_{ri}}{v}})x^k_{ri}。$$

其中，$W_i = \sum_{f\in F}\frac{1}{6}(\underline{d}_{if}+4d_{if}+\overline{d}_{if})p_f$。

约束条件式（3-2）、式（3-7）中含有模糊随机变量 $\overline{\overline{D}}_j$、$\overline{\overline{d}}_i$，将其转化为确定性形式：

$$\sum_{f\in F}\frac{1}{6}(\underline{D}_{jf}+4D_{jf}+\overline{D}_{jf})p_f-\sum_{i\in I}\sum_{f\in F}\frac{1}{6}(\underline{d}_{if}+4d_{if}+\overline{d}_{if})p_f z_{ij}=0;j\in J$$

$$\sum_{r\in R}\sum_{f\in F}\frac{1}{6}(\underline{d}_{if}+4d_{if}+\overline{d}_{if})p_f x_{ri}^k\leqslant C_q;k\in K$$

求解 CLRIP 集成优化问题的方法通常有两种，第一种是将其拆分为两个子问题，然后分别对这两个子问题进行求解，但这种方法没有体现出"集成"优化的特点。现在通常采用第二种方法——两阶段方法，即先构造一个初始解，再不断迭代改进以获得最优方案。例如，先确定节点是否开放，确定每个节点所服务的客户数量以及最佳配送路径，形成初始解；然后通过不断开放与关闭节点对第一阶段形成的初始解进行改进。本章先利用枚举法确定订货周期 T，然后代入所构建的模型中，最后参照图 2-13 禁忌搜索算法进行改进。其中 T 和 S_j 的求解方法如下：

（1）当 $\underline{D}_{L+T,j}\leqslant S_j\leqslant D_{L+T,j}$ 时，$\frac{\partial^2\overline{F}}{\partial S_j^2}\geqslant 0$，二阶导数大于 0，说明目标函数 $\overline{F}$

关于 S_j 有极小值，令一阶导数等于 0，即 $\frac{\partial\overline{F}}{\partial S_j}=\left[C_h+\frac{\eta C_s}{T}\left(\frac{1}{2}L^2(S_j)-1\right)\right]y_j=0$，

则有 $L^2(S_j)=2\left(1-\frac{TC_h}{\eta C_s}\right)$，进而可以推出 $L(S_j)=\sqrt{2\left(1-\frac{T^*C_h}{\eta C_s}\right)}$。又根据隶属

度函数知 $L(S_j)=\frac{S_j-\underline{D}_{L+T,j}}{D_{L+T,j}-\underline{D}_{L+T,j}}$，$0\leqslant L(S_j)\leqslant 1$，所以 $0\leqslant L^2(S_j)\leqslant 1$，即

$0\leqslant 2\left(1-\frac{TC_h}{\eta C_s}\right)\leqslant 1$，求得：

$\eta C_s/(2C_h)\leqslant T\leqslant\eta C_s/C_h$，$S_j^*=(L+T^*)(D_j-\underline{D}_j)\cdot\sqrt{2\left(1-\frac{T^*C_h}{\eta C_s}\right)}+(L+T^*)\underline{D}_j$。

（2）当 $D_{L+T,j}\leqslant S_j\leqslant\overline{D}_{L+T,j}$ 时，$\frac{\partial^2\overline{F}}{\partial S_j^2}\geqslant 0$，二阶导数大于 0，说明目标函数

$\overline{F}$ 关于 S_j 有极小值，令一阶导数等于 0，即 $\frac{\partial\overline{F}}{\partial S_j}=\left[C_h-\frac{\eta C_s}{2T}R^2(S_j)\right]y_j=0$，则

有 $R^2(S_j) = \dfrac{2TC_h}{\eta C_s}$，进而可以推出 $R(S_j) = \sqrt{2\dfrac{T^*C_h}{\eta C_s}}$。又根据隶属度函数知

$$R(S_j) = \frac{\overline{D}_{L+T,j} - S_j}{\overline{D}_{L+T,j} - \underline{D}_{L+T,j}},\ 0 \le R(S_j) \le 1,\ \text{所以}\ 0 \le R^2(S_j) \le 1,\ \text{即}\ 0 \le \frac{2TC_h}{\eta C_s} \le 1,$$

求得：$0 \le T \le \eta C_s / (2C_h)$，$S_j^* = (L+T^*)\overline{D}_j - \sqrt{2\dfrac{T^*C_h}{\eta C_s}}(L+T^*)(\overline{D}_j - \underline{D}_j)$。

第三节
算 例 分 析

一、案例背景

自从 2014 年首次提出京津冀协同发展优化城市空间结构开始，许多产业从北京转移到津、冀两地，表现之一是北京市逐步疏解升级物流设施，并将许多大型批发市场外迁。作为首都，北京市主要承担政治、文化、国际交往和科技创新功能。《北京统计年鉴 2021》显示，2020 年北京市常住人口总数为 2189 万，庞大的人口基数与减量发展的农业决定了北京市生鲜农产品绝大部分依靠外部供应。因此，应优化北京市内相关物流设施，健全物流基地—生鲜冷链配送中心—末端配送网点三级物流网络，以实现保供稳供降本增效。根据《北京物流专项规划》(以下简称《规划》)，北京物流发展应以保障城市运行为基础、提高生活性服务业品质为核心，一方面继续满足广大居民的日常生活需求；另一方面结合北京自身的特点发展高端、专业、个性化的物流服务，推进非首都功能疏解，加快物流业转型和结构调整，基本建成功能匹配、集约高效的现代物流服务体系，形成京津冀物流一体化格局。

《规划》提出东向发展带、东南发展带、南向发展带、西南发展带四个主要物流发展方向和 50 公里、30 公里的大型物流节点设施布局的双圈层结构，指出全市要布局 17 个生鲜冷链配送中心，单个生鲜冷链配送中心的用地面积控制在 2~3 公顷，设置区域和位置相对灵活，周边至少应该与城市次干道相邻。其中，核心城区（东城、西城）不设置生鲜冷链配送中心，通州区、密云区暂无设置计划，朝阳区设置 4 个，海淀区、丰台区各设置 2 个，其他区各设置 1 个。

本算例选取的研究范围是北京西南区域，即以天安门为原点，画平面直角坐标系，所涉及的区有房山区、丰台区、大兴区、石景山区南部以及门头沟区、海淀区的极少部分区域。该区域人口密集，拥有西南进京通道（京港澳高速公路）的便利位置。

二、相关节点的确定

（一）物流基地

在环首都一小时流通圈规划中，规划于北京市西南方向的首批外层项目位于河北省保定市。首衡河北新发地农副产品物流园位于河北省保定市高碑店市，是京津冀协同发展战略首批落地项目。作为华北最大的农产品批发基地，其拥有中国目前最大的冷库集群，不仅是京津冀地区最大的"菜篮子"，还是全国农产品中转集散重要枢纽。从地理位置上考虑，从高碑店市到北京市仅需 1 个小时左右，交通便利。因此，将首衡河北新发地农副产品物流园区作为物流基地非常合适。

（二）备选配送中心

在研究范围内参考《规划》，若《规划》中已明确指出各区生鲜冷链配送中心的地理位置，则按照位置确定其坐标；若《规划》中未给出相应的具体位置，则做假定处理，按照区域内交通设施以及现有物流设施条件选择合适的位置作为配送中心备选点。根据《规划》，丰台区拟建设 2 个生鲜冷链配送中心，石景山区、大兴区各拟建设 1 个生鲜冷链配送中心，《规划》中已给出其地理位置；房山区拟建设 1 个生鲜冷链配送中心，具体位置未在《规划》中标明。房山区作为北京西南门户，同时又是外部物资进入北京的主要通道之一，物流需求旺盛，区位优势明显，可根据其他物流设施的分布拟定 2 个位置作为备选点，一个位于交通便利的房山站附近；另一个则位于窦店镇附近，离房山新城较近。因此，本章确定将以上 6 个位置作为备选生鲜冷链配送中心。

假设单个生鲜冷链配送中心的用地面积控制在最小规划值 2 公顷，即 20000 平方米，据物联云仓在线仓库和相关网站数据检索租金水平，丰台区冷库平均租金为 120 元／（平方米·月），大兴区冷库平均租金 105 元／（平方米·月），房山区冷库平均租金为 85 元／（平方米·月），石景山区冷库平均租金为 90 元／（平方米·月），备选生鲜冷链配送中心的信息如表 3-1 所示。

表 3-1　备选生鲜冷链配送中心的信息

备选配送中心的序号	所属区域	位置坐标	状态	B_j（元/月）
1	丰台区	（116.41，39.78）	明确位置，必选	2400000
2	丰台区	（116.34，39.82）	明确位置，必选	2400000
3	石景山区	（116.20，39.89）	明确位置，必选	1800000
4	房山区	（116.11，39.72）	假定处理	1700000
5	房山区	（116.07，39.65）	假定处理	1700000
6	大兴区	（116.41，39.63）	明确位置，必选	2100000

（三）末端配送网点

末端配送网点作为末端服务场所，主要为便民服务提供支撑。可结合城市商业综合体或社区中心设置，充分利用现有商业零售网络和社区物业服务体系增强城市末端配送网点的装卸、分拣、暂存、自提等服务功能。商业设施反映了城市的人口分布情况。本章选取购物中心、零售专业卖场等商业设施作为末端配送网点，符合北京市物流规划要求。

在本章划定的研究范围内，结合赢商大数据网站以及大众点评 App 查询商业设施分布情况，共查找到 32 个购物中心等商业综合体；查询优势商圈助手 App，以商业设施为中心，得到半径 2 千米内常住人口数量。因为数量较多且有些设施距离较近，所以参考聚类算法，以平方欧式距离为考量目标对这 32 个商业设施进行聚类，经计算后得到 14 类，利用重心法求得 14 个点的坐标，将这 14 个点作为考量的末端配送网点，相关参数见下文。

三、相关数据采集

相比果蔬产品，肉类的消费需求更具有不确定性。因此本章以肉类消费为例，包括猪肉及禽肉。根据调查及访问结果，可将人均肉类消费量数据模糊为三类，消费需求减小、消费需求与预期持平、消费需求增加，分别是 $\tilde{d}_1 = (0.03, 0.05, 0.08)$ 千克/（人·天）、$\tilde{d}_2 = (0.06, 0.08, 0.09)$ 千克/（人·天）、$\tilde{d}_3 = (0.07, 0.09, 0.1)$ 千克/（人·天），乘以商圈人口规模便可计算出每天末端配送网点的肉类需求量，三种情形的可能性分别为 0.3、0.5、0.2，然后计算出需求量模糊可能均值。末端配送网点的信息如表 3-2 所示。

参考物价、冷鲜肉类保质期以及相关文献等，拟订下列参数：$C_3 = 800$ 元/次，$C_h = 15$ 元/（吨·天），$C_s = 10000$ 元/吨，$C_1 = 20$ 元/吨，$C_2 = 50$ 元/千米，$\eta = 30$ 天，$L = 1$ 天，$C_q = 160$ 吨，$v = 40$ 千米/小时，$\theta = 0.0006$。

表 3-2　末端配送网点的信息

末端配送网点的序号	商业综合体名称	坐标	$\overline{M}\tilde{d}_{i1}$（吨/天）	$\overline{M}\tilde{d}_{i2}$（吨/天）	$\overline{M}\tilde{d}_{i3}$（吨/天）
1	北京方庄购物中心 石榴中心 京城大集生活广场	(116.43，39.85)	49.68	67.89	82.8
2	金唐新光界 亿潼隆万丰购物中心 亿潼隆丰益购物中心	(116.30，39.87)	40.10	54.81	66.84
3	宝苑国际购物中心 北京爱琴海购物公园	(116.41，39.82)	14.84	20.28	24.74
4	首开福茂购物中心 中粮万科 FUNMIX 半岛广场 京投港·长阳购物中心	(116.21，39.76)	35.62	48.68	59.37
5	北京瑞逸百货 丽泽天地购物中心	(116.32，39.90)	21.82	29.82	36.37
6	北京京盛时代购物中心	(116.17，39.82)	4.356	5.95	7.26
7	北京华联公益西桥购物中心 新时代国际中心 草桥商业中心	(116.36，39.85)	41.1	56.17	68.5
8	丰台万达广场	(116.36，39.81)	17.74	24.24	29.57
9	喜隆多新国际购物中心	(116.17，39.92)	7.68	10.50	12.81
10	华冠购物中心（良乡店） 国泰百货（良乡店）	(116.14，39.73)	39.49	53.98	65.83
11	房山首创奥特莱斯 绿地缤纷城	(116.17，39.76)	11.11	15.18	18.52
12	龙湖北京房山天街 百联清城国际购物中心	(116.33，39.72)	36.06	49.29	60.11

续表

末端配送网点的序号	商业综合体名称	坐标	$\overline{M}\tilde{d}_{i1}$ (吨/天)	$\overline{M}\tilde{d}_{i2}$ (吨/天)	$\overline{M}\tilde{d}_{i3}$ (吨/天)
13	国融国际				
	百分百购物中心				
	大雄商业中心	(116.50, 39.80)	60.70	82.95	101.17
	富兴国际中心				
	亦庄亦城财富中心				
14	乐家购物中心	(116.33, 39.79)	22.63	30.93	37.72
	荟聚·西红门购物中心				

四、运行结果分析

使用 MATLAB 2019b 软件运行算法，运行结果涉及开放的生鲜冷链配送中心位置及目标库存量、末端配送网点分配方案、配送路线以及总成本等。根据最终迭代的结果，除了《规划》中已明确具体位置的生鲜冷链配送中心 1、2、3、6，最终选定位置 4 建房山区的生鲜冷链配送中心，选址—路径方案如图 3-6 所示。例如，当车辆从物流基地取货后，车辆从生鲜冷链配送中心 2 出发，给末端配送网点 7 配货后再依次到达末端配送网点 3、1，最后再返回生鲜冷链配送中心 2，形成一个回路；其余线路也是如此。

初始解成本为 113060189.97 元，最后成本为 13558260.59 元，最优 CLRIP 方案如表 3-3 所示。

受不可调和性土地矛盾影响，建设成本较大。相比建设成本，其余几项成本都占比较小。一是由于冷鲜肉类的保鲜期较短不可大量囤货，且事关民生不可大量缺货，综合考虑库存保管成本与缺货损失使两者之和尽可能减小。二是由于运输距离相对较近，从首衡河北新发地农副产品物流园到北京仅需 1 个多小时，路程较近；另外考虑时间与效率对配送服务的

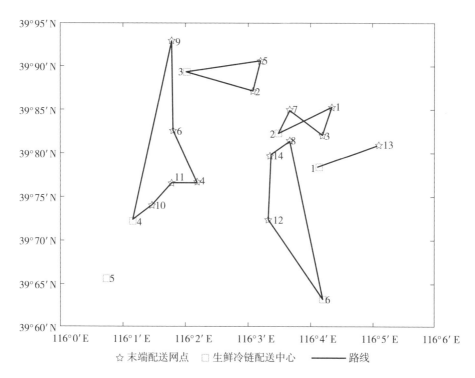

☆ 末端配送网点　□ 生鲜冷链配送中心　——— 路线

图 3-6　生鲜冷链配送中心最优选址—路径方案示意简图

表 3-3　最优 CLRIP 方案

开放的生鲜冷链配送中心	服务的末端配送网点及配送路径	订货周期（天）	目标库存量（吨）
1	13	2	298.62
2	7→3→1	2	519.62
3	2→5	2	304.65
4	10→11→4→6→9	2	483.46
6	12→14→8	2	376.05
总成本（元）13558260.59	建设成本	10400000.00	
	库存成本	2877476.24	
	运输成本	239775.00	
	货损成本	41009.35	

影响，生鲜冷链配送中心通常只为一定距离范围内的末端配送网点提供送货服务。三是由于在计算货损成本时假设恒温、恒湿，只考虑了在途运输时间对食品腐烂变质的影响，现实中受装卸搬运、环境改变等多重因素影响，腐烂变质损失成本或更大一些。通过对比各生鲜冷链配送中心的目标库存量可以发现：由于服务的末端配送网点个数不同，服务范围内对应的人口数量不同，各个生鲜冷链配送中心的目标库存量有相当大的差异。因此在实际规划建设时，必须考虑区域人口密度情况调整生鲜冷链配送中心的面积，从而保证服务范围内的需求都能得到满足。

五、结论

本章从物流网络集成优化的角度出发，对生鲜冷链配送中心选址、库存控制和路径规划三个因素综合考虑，构建了模糊随机需求下生鲜冷链配送中心布局优化模型。在算例分析部分，参考《规划》与环首都流通圈的规划布局，构建了以首衡河北新发地农副产品物流园为物流基地，以西南区域范围内聚类形成的 14 个商圈为末端配送网点，得出生鲜冷链配送中心最优的选址—路径—库存方案。

未来还可改进的方向有：第一，在对物流网络进行优化时，假设只有一个物流基地来满足研究范围内的所有消费需求，但现实中供给市场上不止一家供应商，未来可进一步研究多个物流基地共同服务时物流网络的优化问题；第二，本章在确定需求时采用了肉类这一大类的总需求，未来可将猪肉、鸡肉等肉类需求细分，研究配送多类物品时的网络优化问题。

第四章

末端配送网点布局优化

——以生鲜电商城市配送为例

城市经济的形成是城市的兴起和商品经济不断发展的产物，是生产力空间存在的重要形式，也是社会再生产各环节——生产、分配、交换、消费以及各经济部门在城市空间上的集中表现。城市经济的不断发展和壮大，必然会促进城市商品市场的不断繁荣，从而使城市商品市场突破地区甚至国家的界限，加强城市与国外、城市与周边区域、城市与城市之间、城市内部的经济联系和商品流通。这种商品市场的发展和商品流通网络的完善，必然伴随着商品实体的大进大出，从而产生和形成与城市经济、城市产业、城市贸易、城市市场相适应的城市物流。从这个意义上讲，城市经济的形成是城市物流存在的前提与条件；同时，城市物流及城市物流产业也是城市经济的有机组成部分。

　　从城市内部、城乡之间、城市之间的物流活动比重来看，城市内部的末端物流配送活动是城市物流的主要内容。相较于城乡之间和城市之间的物流活动，城市内部的物流由物流园区、配送中心等专门物流组织进行，以快递、配送为主要方式，物资流动路径短、时间快、数量大、品种多，因此组织起来更为复杂。而随着大生产外迁、城乡界限淡化、城市之间交换频繁、城市规模扩大等现象的出现，城市的生产需求减少，物流需求逐渐转向以生活需求、办公需求为主，城市物流也成为城乡相对的范畴，城市之间的物流逐渐成为城市物流的主要形式之一，城市内部物流区域和规模日趋扩大。

第一节
城市末端配送网络理论

一、生鲜电商的发展现状与趋势

（一）生鲜电商市场规模

近年来，我国政府高度重视农业生产和流通环节的发展，据不完全统计，2020 年政府颁布了 40 多项生鲜农产品相关的政策，分别从供给侧和流通侧两个角度阐述农业农产品发展理念，其中多项指标从政府的层面推进生鲜农产品的冷链发展、加强冷链基础设施建设、完善生鲜农产品冷链运输链条。如今，随着生鲜电商企业的蓬勃发展，我国冷链物流的需求量在一定程度上有所增加，交通运输部介绍，2015~2019 年，我国食品冷链物流需求总量由 1.53 亿吨增至 2.33 亿吨，年增长率超过 10%；2019 年，食品冷链物流总额约 6 万亿元，同比增长 24.7%。中物联冷链委统计，2019 年全国冷藏车保有量为 21.47 万辆，同比增长 19.3%，冷库容量达到 6052.5 万吨，同比增长 15.6%。另外，得益于各类技术，如 RFID 射频识别技术、5G 技术、物联网等的快速发展，我国农业现代化的进程也在加速、产业链不断升级。

基于以上政策、技术及物流发展背景，我国生鲜电商行业自 2013 年以来得到快速发展，图 4-1 所示为 2016~2021 年中国生鲜电商行业市场交易规模。

从图 4-1 可以看出，2021 年我国生鲜电商市场行业的交易规模达到 4658.1 亿元，同比增长 27.9%，且伴随着生鲜电商企业的不断探索和创

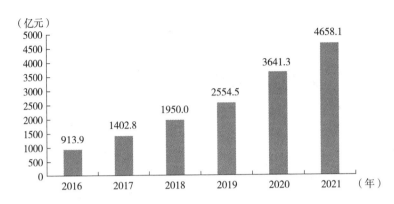

图 4-1 2016~2021 年中国生鲜电商行业市场交易规模

资料来源：根据网经社、中商产业研究院调研数据整理所得。

新，更多的运作模式，如前置仓、社区团购、电商+直播等开始出现。未来生鲜电商企业运作模式会不断推陈出新，并与一直在改变的大众消费习惯保持同步，以更好地满足消费者对生鲜农产品的需求，并不断改善自身的物流及供应链运作能力，以提升服务能力，因而生鲜电商行业仍将有较大发展潜力。

（二）生鲜电商用户画像

生鲜电商企业自 2005 年在我国起步至今已发展了十多年，多年来随着企业的运作和对消费者购物习惯的培养，生鲜电商企业用户数量呈现稳步增长的趋势，活跃用户的渗透率也在提高，尤其是自 2020 年新冠肺炎疫情暴发以来，比起去农贸市场、大型超市、生鲜便利店，消费者更倾向于网络平台下单，享受生鲜农产品配送到家的服务。

1. 男女占比均衡、购物人群年龄升高且向中高端消费者聚拢

由传统思想及女性在家庭中承担的角色来看，生鲜电商企业女性用户的占比应该显著高于男性，但是由中国报告网整理的《2020 中国电商行业研究报告》调研数据显示，男女用户占比较为均衡，2020 年女性用户占比为 54.6%，男女比例基本持平，这可能是因为相较于其他品类的产品，生

鲜农产品的需求更为刚性。在年龄组成方面，消费人群的年龄层主要集中在24~35岁，占总消费人群的50%，可见生鲜电商企业用户是偏年轻化的，但与往年相比，40岁以上用户占比有所提高，达到了22.5%。另外，中高端消费人群占比达到91.8%，主要是由于该阶层的人通常是城市中的白领阶层，其日常工作繁忙、对生活质量要求较高，因而较为容易使用生鲜电商类App。

2. 一、二线城市用户渗透率较高

目前生鲜电商企业的消费人群主要集中在一、二线城市，由中国报告网整理的《2020中国电商行业研究报告》调研数据显示，这一比例高达79%，其中北京、上海、深圳、广州等城市活跃用户占比最高，若综合考虑用户渗透率及使用偏好，则福州、重庆、泉州等城市用户的活跃度较高。目前随着生鲜电商企业一直在开拓新市场，进入新的城市，以及不断推进的数字化进程，位于一、二线城市的用户数量增加了7%，且有持续增长渗透的趋势。

3. 生鲜网购趋于高频

根据艾瑞iClick2020年我国生鲜电商行业调研数据，得到图4-2我国

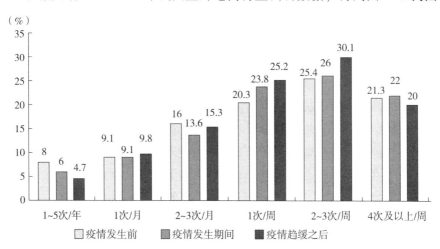

图4-2　2020年消费者网购生鲜农产品频次对比

资料来源：艾瑞咨询。

消费者网购生鲜农产品频次，该图就疫情发生前、疫情发生期间以及疫情趋缓之后消费者网购生鲜农产品频次进行对比。从横向对比来看，消费者每周网购 2~3 次生鲜农产品的占比最高，每周网购 1 次的占比次之；从纵向对比来看，疫情发生前、疫情发生期间、疫情趋缓之后每周网购 2~3 次、每周网购 1 次的占比均呈现上升趋势，且每周网购生鲜农产品的次数不少于 1 次的占比达到 70%。网购的生鲜农产品中，蔬菜类占比最高，为22%；水果类次之，为 20%。

二、城市末端配送网络布局优化研究现状

（一）城市末端配送网络

1. 城市末端配送网络的概念

城市末端配送网点的含义通常是指在城市内具备配送功能的末端节点，能为消费者提供末端配送服务。末端配送等于末端配送网点加末端配送服务，末端配送是直接从末端配送网点出发送达消费者的物流活动，是以满足配送环节的终端客户为直接目的的物流活动。在竞争日益激烈的市场环境中，争夺消费者成为商家制胜的法宝，"用户至上""用户第一"的观念已深入人心。末端配送作为面向终端消费者的物流环节，消费者的体验需求及其满足程度成为实现末端配送效益的重要衡量标准。

末端配送服务就是以消费者为核心的配送活动，末端配送距离即末端配送网点到客户的距离，这段距离直接决定末端配送的成本、整个末端配送网络的可靠性和稳定性。本章研究的是基于前置仓模式的生鲜电商末端配送网络，是由生鲜电商城市配送中心、生鲜电商末端配送网点、客户需求点所构成的三级节点，其末端配送网络如图 4-3 所示，即由生鲜电商城市配送中心对各生鲜电商末端配送网点进行产品供应，再由客户需求点周边的末端配送网点对客户进行配送服务。

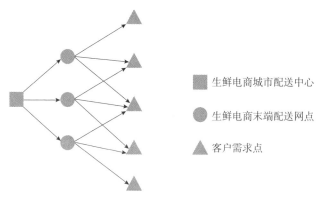

图4-3 生鲜电商末端配送网络

2. 城市末端配送网络布局优化

当前，建立现代流通体系首先要提升流通网络布局，抓住主干网络，合理规划公共配送中心、末端配送网点等。末端配送网点布局在整个末端配送中起到至关重要的作用，是在配送环节能否更好地承接供应链上游商品流通作业，并为供应链下游消费者更好地提供服务的关键所在。末端配送网点往往设置在人口密集度较大的社区周边，负责一定社区范围的生鲜农产品仓储、配送工作。对于生鲜电商企业而言，若想提升平台服务辐射范围就需要不断扩大其末端网络节点的建设，但是不合理的网点建设只会提升企业运营成本。所以生鲜电商末端配送网点的合理布局十分重要，直接影响到其末端配送成本、末端配送效率以及消费者的时间满意度。由中国报告网整理的《2020中国电商行业研究报告》生鲜电商调研数据显示，39%的生鲜电商企业有建设前置仓的计划，虽然这个比例没有达到50%，但是前置仓这个概念大概是2018年才被大众普遍接受，距其报告发布不过两年的时间，已有超过1/3的生鲜电商企业有尝试该模式的意愿，可见其已逐渐成为一类主流的企业运作模式，而推动其成为主流业态的正是生鲜电商行业的标杆企业：上海的叮咚买菜、北京的每日优鲜以及福建的朴朴超市。

（二）生鲜物流末端配送网络布局优化研究现状

生鲜物流是指生鲜农产品从农产品种植培育区域向城市消费区域实体流动的过程，这一过程包括保鲜储存、保鲜运输、加工、包装等物流活动，属于冷链物流的一类。生鲜农产品作为生鲜物流的主要服务载体，是指那些在常温状态下难以进行长时间储存的初级食品，包括水果、蔬菜、肉类、水产品等农畜产品。随着我国国民消费水平的提高，对优质生鲜农产品的需求量也与日俱增，受生鲜农产品易腐烂、易破损、温度要求高等特点的影响，物流企业在提供物流服务时衍生出了一类区别于其他产品运输的服务，那就是服务于生鲜农产品的冷链物流，也就是生鲜物流。

Morteza 等（2014）在生鲜物流末端网络的布局问题中，通过使用优化后的层次分析法建立了生鲜物流末端网点多目标选址布局规划模型，对其方案的综合价值进行评估，最终得出的综合评估结果作为生鲜物流末端网点布局方案。计莹峰等（2014）则是针对生鲜农产品本身的产品特性，在生鲜农产品的保鲜状态随着时间呈现线性递减的理论基础上构建数学模型，得到了生鲜农产品随着运输距离的增加产品完好度随之递减的分段函数，再充分考虑生鲜农产品从供货商到生鲜配送中心、生鲜配送中心内部流通加工、生鲜配送中心到客户需求点三个阶段所产生的三级生鲜货损情况，构建了运输成本、基础建设成本、货损成本综合最小的末端配送网络优化模型，并对该模型的实际适用性和可操作性进行验证。淦艳等（2015）根据生鲜电商末端配送网络的特性，构建了综合考虑配送时间和需求量权重的末端配送中心布局优化模型。王道平等（2017）通过生鲜物流配送网络中的时间窗理论，构建了末端配送节点选址规划和车辆配送方案的多目标整数规划模型，进而对生鲜物流末端网点布局优化进行分析。Dou 等（2020）根据生鲜农产品的易腐这一特性，引入新鲜度函数、配送时间窗等约束条件，构建了生鲜物流末端配送中心布局优化的数学模型。邹筱和张晓宁（2020）考虑生鲜电商物流的配送范围，将末端配送准时达的完成率作为约束条件，进而对生鲜电商末端配送网络的布局进行数学建模和优化。

生鲜物流末端配送网络的重要性主要表现为生鲜农产品的流通商品本

身比其他商品更容易受到温度的影响，因此，生鲜物流流通环节必须采用合适的车辆和冷链设施设备，以保障生鲜农产品在生鲜物流环节中的完好性，从而确保生鲜农产品的质量。不同于传统物流末端配送网络的布局，在生鲜电商末端配送网络的布局规划中，受生鲜农产品本身商品特性的影响，不仅要考量企业的经营成本，还要充分考量生鲜电商物流运作模式以及在末端配送环节，企业的配送时效、生鲜农产品的货损情况以及消费者的满意程度。

（三）生鲜电商前置仓末端配送网点布局存在的问题

前置仓作为连接生鲜电商企业城市配送中心和终端消费者之间的重要纽带，是末端配送网络中至关重要的一环，前置仓布局在企业发展战略规划中具有相当重要的地位。前置仓布局的合理性会直接影响生鲜电商企业的物流成本、末端配送效率、客户满意度以及生鲜电商企业口碑等。当前电商企业前置仓布局主要面临以下问题。

1. 订单超时情况严重

从生鲜电商用户画像可看出，虽然中老年人消费比例有所上升，但生鲜电商企业的购物主力军还是"80后""90后"城市白领阶层，这个群体对于产品配送的准时率以及服务体验感要求较高，然而城市由于堵车等原因时常出现配送不及时的问题，配送到达时间与收货时间存在时间差，导致消费者体验感较差，甚至引起客户投诉。根据艾瑞 iClick2020 年我国生鲜电商行业调研数据整理得图 4-4，即 2020 年生鲜电商企业客户投诉问题类型占比，可以看出送货超时导致的客户投诉占比达到 22.67%，仅次于发货问题和退款问题。另外，根据 2018 年中国网民不确定或不再继续网购生鲜产品的原因分析，配送速度慢占比 39.3%，产品新鲜度低质量差占比 38.5%，反映出生鲜电商企业在末端配送时效上存在的问题。

目前生鲜电商企业门槛低，进入该领域较为容易，因此市场竞争较为激烈，为了争夺市场份额，各企业之间纷纷承诺更短的配送时间而忽视自身的实力或配送途中的障碍和不顺利，忽视时间窗对于消费者满意度的影响。

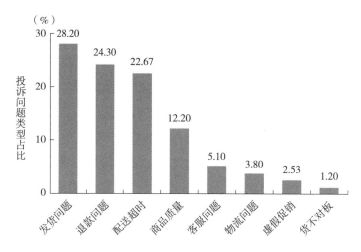

图4-4 2020年生鲜电商企业客户投诉问题类型占比

资料来源：艾瑞咨询。

2. 产品损耗率高

由中国报告网整理的《2020年生鲜电商调研报告》数据得表4-1，即社区生鲜企业生鲜产品损耗率，在被调查的5368家门店中，水果类产品有10%的企业损耗率在8%～12%，蔬菜类有58%的企业损耗率在8%～12%，肉禽类的损耗率较低，52%的企业能将该品类产品损耗率维持在8%以下。综合计算，水果类产品的平均损耗率为9.2%，蔬菜类为8.8%，肉禽类为6.3%。可以看出，生鲜类产品的损耗率还是较高的。

表4-1 社区生鲜企业生鲜产品损耗率

损耗率	企业占比		
	水果类	蔬菜类	肉禽类
8%以下	5%	29%	52%
8%～12%	10%	58%	39%
12%以上	85%	13%	9%

根据艾瑞 iClick2020 年我国生鲜行业调研数据，消费者在网购生鲜产品时，最看重的因素是安全性，其次是品质，再次是口味。对于生鲜产品而言，其新鲜与否很大程度上决定了产品的安全性、品质和口味，因此生鲜产品的损耗率是一个非常重要的考虑因素。图 4-5 列出了 2019 年中国用户在网购生鲜产品时看重的因素。

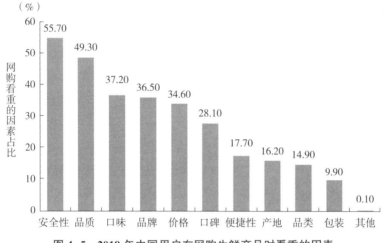

图 4-5　2019 年中国用户在网购生鲜产品时看重的因素

3. 物流配送成本较高

前置仓的成本主要包括前置仓前期建设固定成本、房屋租金、人工运营成本以及其他能源成本。目前在一、二线城市布局前置仓，前置仓的租金、人力成本相对比较昂贵，且前置仓需要达到一定的订单量及客均单价才能实现盈利。如今为更好地服务客户，生鲜电商企业不断扩增自身前置仓的面积，但前置仓的面积越大，企业需要付出越多的流动资金、人力资本用于前置仓的运营之中。

4. 节点布局不合理

前置仓通常覆盖社区密集点 3 千米以内，但根据实地走访调查可以看出，已布局的前置仓存在交叠的情况，配送网络覆盖不合理，过度密集地分布不仅使得建设成本及日常运营成本升高，增加企业负担，还挑战每个网点的货物周转率。企业更应该对自身前置仓进行合理化布局，根据现有市场需求量寻找最适合的布局节点。

(四) 生鲜电商城市末端配送网点布局优化思路

生鲜电商企业在末端配送网络中所存在的问题都不是孤立存在的。生鲜电商企业末端网点的布局情况会影响订单的配送效率，企业的及时响应需要企业付出高昂的人力成本或建设成本。与传统生鲜电商配送模式相比，前置仓模式主要针对的是位于一、二线城市的消费者，这类消费者对于生鲜农产品的质量具有较高的追求，且对配送时间要求较高，并存在生鲜到家的需求。消费者下单后，由前置仓服务人员完成订单的加工与处理，并提供配送到家服务，实现0.5~1小时完成送达。无论是订单响应速度还是配送效率，前置仓模式相比传统的生鲜电商配送模式更加具有优势。为了更好地为末端消费者提供服务，生鲜电商企业在进行前置仓布局时需要充分考虑前置仓与上下游之间的联系，进而使企业成本最小化、客户满意度最大化。本章将针对前置仓模式的末端配送网络进行分析，通过构建"城市配送中心—末端配送网点—客户需求点"末端配送网络，优化生鲜电商企业的末端配送网点布局。

为了使生鲜电商企业的末端配送网点布局情况最优，企业需要综观整个末端配送网络对前置仓的布局进行调整，进而实现企业经营效益最大化、客户服务质量最大化。在优化前置仓布局时，一方面要保留布局合理的前置仓，另一方面要对布局不合理的前置仓进行调整，舍弃或重新选址。为了实现上述优化目标，通过双层规划模型对前置仓的布局情况进行优化求解，上层规划是在考虑企业的综合成本最小化的前提下选定前置仓合适的布局位置，进而确定订单分配情况；下层规划则是基于上层规划的前置仓布局使客户满意度最大化。

(五) 双层规划模型

双层规划模型是一种具有双层递阶结构的系统优化模型，其上层模型与下层模型针对所设问题都有各自的决策变量、目标函数以及约束条件。双层规划模型主要应用于在一个系统中具有两类问题的模型中，上层模型用于指导下层模型实施决策，但不可以直接决定下层模型的决策，上层模型的决策变量则作为下层模型的参数进行智能运算，下层模型具有符合自身条件的决策空间与决策变量。双层规划模型综合考虑了上、下两层模型最终目标的协调，从而使整个模型取得整个系统的最优解。

双层规划由 Mcgill 于 1973 年首次提出，接着在 1977 年，由 Candler 和 Norton 在科研报告中正式对其进行定义，其所建立的数学规划模型如下：

$$\min F(x, y) \tag{4-1}$$

$$\text{s. t. } G(x, y) \leqslant 0 \tag{4-2}$$

其中，$y = y(x)$ 由下层规划所得：

$$\min f(x, y) \tag{4-3}$$

$$\text{s. t. } g(x, y) \leqslant 0 \tag{4-4}$$

其中，式（4-1）和式（4-3）是上下层规划模型的目标函数；式（4-2）和式（4-4）是上下层规划模型的约束条件。$y = y(x)$ 是反应函数。在双层规划中，上下层之间的决策行为并不是完全制约彼此的，而是根据对方的变化及时进行调整，最后使得模型整体达到最优。

第二节
美团企业城市末端配送网点布局优化模型

一、问题描述

美团（Meituan，MT）企业进入生鲜电商行业相对较晚，2019 年才开始进行生鲜零售业务的布局。与线下生鲜零售模式相比，前置仓模式不需要较大的店面，节省了企业的装修和店铺运营成本。在末端配送环节对配送时效、客户满意度要求较高，因此 MT 企业的目标客户定位是对生鲜农产品质量和配送要求较高的一线城市客户群体。MT 企业目前覆盖北京、上海、广州等一线城市，北京是 MT 企业最早开通便民服务站的城市，目前在北京市共布局前置仓 120 个。MT 企业主要经营的品类有蔬菜类、果蔬类、豆制品类、肉禽蛋类、海鲜水产类、鲜花类以及粮油调味品等。用户在 MT 企业 App 上确定订单后，由 MT 企业的骑手进行配送，用户可以自行选择送达时间，配送时长平均为 0.5 小时，可类比"生鲜外卖"即时配送模式。

根据笔者实地调查，在原有模式下，MT 企业的前置仓面积大多是在 300 平方米以内，在前置仓版本升级后，其前置仓内的面积为 300~400 平方米。更大的前置仓面积，意味着企业前置仓将仓储更多的商品品类。MT 企业在升级前置仓后，商品也从原有的 1500 多个增长到 4000 多个，标品品类开始增多。商品品种的增多使消费者有更多的选择，也意味着前置仓每日的订单量会有所提升，而在人员及履约成本并未大幅提升时，为更好地使前置仓实现盈利，企业需要不断提升自身的订单处理能力以及末端配送效率。

2021 年 5 月，笔者实地走访并调研了 MT 企业五家便民服务站，其概况如表 4-2 所示。

表 4-2　MT 企业五家便民服务站调研概况

服务站名称	日单量（个）	骑手数量（人）	重点配送社区
物资学院站	700~800	17	天赐良缘 1~6 号院、北京物资学院、新建村高层等
八里桥站	800~1000	20	怡佳家园、京杭府、永顺南里等
草房站	900~1200	15~20	连心园、万象新天家园、北京像素等
潞苑站	700~800	15~18	尚东庭、东潞苑东、龙旺庄等
果园站	700~800	15~18	果园西、翠屏南里、世纪星城等

在实际调研中发现，MT 企业现有的前置仓布局相对比较偏僻，大多为商户底铺，只有少部分位于居民社区附近，且位于居民社区附近的前置仓网点附近也存在其他生鲜电商的前置仓，其位置相对于其他生鲜电商的

前置仓也不是很显眼。2022 年 10 月，笔者再次整理调研资料时发现，"物资学院站"便民服务站已停止服务并关闭站点，这也从侧面反映了 MT 企业原有的前置仓布局存在不合理现象。

前置仓布局在 MT 企业的发展战略规划中具有相当重要的地位。前置仓作为连接生鲜电商企业城市配送中心和终端消费者之间的重要纽带，是末端配送网络中至关重要的一环。前置仓布局的合理性会直接影响生鲜电商企业的物流成本、末端配送效率、客户满意度以及生鲜电商企业口碑等。当前 MT 企业前置仓布局主要面临以下问题：一是缺少节点布局优势，二是物流成本较高，三是订单超时情况严重，四是产品损耗率高。

在生鲜电商城市末端配送网络中，主要是由电商企业城市配送中心、末端配送网点及客户需求点组成的。其中末端配送网点作为连接城市配送中心和客户需求点的中间环节，网点的布局情况决定了企业的配送效率。当末端配送网点增加时，企业配送的辐射范围会扩大，配送时长会缩短，能更好地使消费者满意，但是企业的建设成本会增加。因此，综合企业和消费者的需求，基于时间满意度的城市末端配送网点布局优化问题可以描述为：城市末端配送网络具有 M 个城市配送中心、L 个末端配送网点、N 个客户需求点，生鲜商品从城市配送中心先运输至末端配送网点，再由末端配送网点配送到消费者手中。从企业和客户两个角度出发，综合考虑企业选址成本和配送成本，以及对配送服务的满意度建立双层规划模型，其中客户需求点、客户需求量、末端配送网点备选点已知，对末端配送网点的布局情况进行优化，进而得出最合适的数量与位置，同时使得企业综合成本最小、客户满意度最大的方案。

二、参数设置

本节主要针对 MT 生鲜电商企业城市末端配送网点布局问题进行研究，为方便模型构建与计算，需对模型进行合理化假设，具体如下：①在本节研究的城市末端配送网络中，各物流节点位置已经确定，且各物流节点有充足的货源；②商品按照"MT 企业城市配送中心→末端配送网点→客户需求点"顺序进行流动，配送人员结束该订单的配送后，便返回末端配送网点，不需遍历所有客户需求点；③在整个末端配送网络中，共有多个末端配送网点、多个需求点，各配送网点之间不存在商品的流动；④每个客户需求点只能接受一个末端配送网点的服务；⑤设定每个客户需求点的需求量已知且需求量固定，在一定时间内保持一致；⑥生鲜商品在其运输过程中温度保持一致，生鲜商品在运输过程中的腐败率恒定；⑦在对末端配送网点的研究中，暂不考虑消费者自提这一配送模式；⑧在整个城市末端配送网络的研究中，暂不考虑退货产生的逆向物流问题。

在上述模型假设的条件下进行参数设置，具体如下：M 表示生鲜电商企业城市配送中心集合；N 表示客户需求点集合；L 表示末端配送网点备选点集合；L_0 表示现有末端配送网点集合；rl 表示配送中心 l 物流设施年折旧金额；D_{ml} 表示城市配送中心 m 到末端配送网点 l 的距离；D_{ln} 表示末端配送网点 l 到客户需求点 n 的距离；a 表示生鲜农产品配送过程中的单位运费率；p 表示生鲜农产品成本；$\varphi(t)$ 表示生鲜农产品运输时间为 t 时的新鲜程度；β 表示生鲜农产品需求量随新鲜程度降低的下降系数；g_n 表示第 n 个需求点生鲜农产品的需求量；g_{ml} 表示由第 m 个城市配送中心配送至第 l 个配送中心的生鲜农产品配送量。h_l 表示房屋租金及水电成本；θ 表示生鲜农产品配送过程中的变质率；Z 表示生鲜农产品配送中心选中数量；Q_m 表示第 m 个城市配送中心生鲜农产品配送量；λ_n 表示第 n 需求点的权重；r_{ll} 表示末端配送网点冷链设施设备总折旧。$Y_l = \begin{cases} 1, 配送中心 l 被选择 \\ 0, 否则 \end{cases}$；

$V_{ln} = \begin{cases} 1, 需求点 n 由配送网点 l 配送 \\ 0, 否则 \end{cases}$；$X_{ml} = \begin{cases} 1, 配送网点 l 由城市配送中心 m 配送 \\ 0, 否则 \end{cases}$。

三、构建双层规划模型

（一）构建上层规划模型

在本节构建的基于时间满意度的末端配送网点布局双层规划模型中，

上层模型主要从企业角度出发，使企业决策和运营成本最小化。其中成本包括固定建设成本、运输成本、货损成本。

1. 固定建设成本模型

固定建设成本是指生鲜电商企业选址并建设末端配送网点所投入的成本。固定建设成本的投入影响因素主要取决于房屋租赁费用、冷链设施设备折旧费用、运营所产生的水电成本等。其中，冷链设施设备主要用于末端配送网点的线下保鲜仓储，本章将冷链设施设备费用进行折旧处理，根据农产品冷链设施设备的平均使用年限 15 年，设定剩余残值率约为 5%，进而得出末端配送网点冷链物流设施年折旧公式：

$$r_1 = \frac{r_{1l}(1-5\%)}{15} \tag{4-5}$$

因此，生鲜电商末端配送网点固定成本 C_1 为

$$C_1 = \sum_{l=1}^{L} Y_l(h_l+r_l) \tag{4-6}$$

2. 运输成本模型

在城市末端配送网络中，本节将运输成本分为两部分进行计算：一部分是由 MT 企业城市配送中心到末端配送网点的运输成本，另一部分是由末端配送网点到客户需求点的配送成本。本节将运输和配送中共同产生的成本平均分摊至每吨生鲜农产品运输 1 公里所需费用，通过运费率进行计算，将参数设为 a，进一步得到城市末端配送网络中的运输成本为末端网络配送量、运费率、两部分运输距离之积。

MT 企业城市配送中心 M 至末端配送网点 L 的运输成本 C_{2ml} 为

$$C_{2ml} = a \sum_{l=1}^{L} \sum_{m=1}^{M} Y_l X_{ml} g_{ml} D_{ml} \tag{4-7}$$

末端配送网点 L 至客户需求点 N 的配送成本 C_{2ln} 为

$$C_{2ln} = a \sum_{l=1}^{L} \sum_{n=1}^{N} Y_l V_{ln} g_{ln} D_{ln} \tag{4-8}$$

因此，在整个城市末端配送网络中，末端配送网点的总运输成本 C_2 为

$$C_2 = C_{2ml} + C_{2ln} = a \sum_{l=1}^{L} \sum_{m=1}^{M} Y_l X_{ml} g_{ml} D_{ml} + a \sum_{l=1}^{L} \sum_{n=1}^{N} Y_l V_{ln} g_{ln} D_{ln} \qquad (4-9)$$

3. 货损成本模型

本节使用新鲜度函数对研究中所涉及的货损成本进行计算。生鲜农产品的新鲜程度主要是在仓储环节与运输配送环节发生变化，生鲜农产品的新鲜程度会随着生鲜农产品的配送时间的延长以及配送过程中外部的温度变化导致生鲜农产品的保鲜状态发生变化。本节假设生鲜农产品在整个城市末端配送过程以恒定的温度进行冷链运输与配送，假设生鲜农产品的变质率 θ 固定，再通过 $\varphi(t)$ 代表生鲜农产品在末端配送过程中出发 t 时刻后的新鲜程度，具体如下：

$$\varphi(t) = e^{-\theta t} \qquad (4-10)$$

当 $t=0$ 时，$\varphi(0)=1$，此时生鲜农产品的新鲜程度为 1，并随着运输时间 t 的延长，新鲜程度逐渐降低。在生鲜农产品从城市配送中心 M 运送至末端配送网点 L 再配送至末端消费者 N 这一过程中，运输时间为 $t_{ml}+t_{nl}$，生鲜农产品新鲜程度下降情况如下：

$$\varphi = 1 - e^{-Y_L \theta(t_{lmn})} \qquad (4-11)$$

根据生鲜农产品新鲜程度下降对需求量影响所呈现的显性相关假设可知，当需求量随新鲜程度降低变化为 $100d_n\beta(e^{-Y_j\theta(t_{lmn})})$，降低了 $100d_n\beta(1-e^{-Y_j\theta(t_{lmn})})$。因此，因新鲜度降低造成的货损成本 C_3 为

$$C_3 = 100\beta p \sum_{l=1}^{L} \sum_{n=1}^{N} \sum_{m=1}^{M} g_n \left[1 - e^{-\theta Y_l X_{ml} Z_{ln} t_{lmn}} \right] \qquad (4-12)$$

综上，末端配送网点总成本 C 为：

$$C = C_1 + C_2 + C_3 = \sum_{l=1}^{L} Y_l(h_l + r_l) + a \sum_{l=1}^{L} \sum_{m=1}^{M} Y_l X_{ml} g_{ml} D_{ml} + a \sum_{l=1}^{L} \sum_{n=1}^{N} Y_l V_{ln} g_{ln} D_{ln} +$$

$$100\beta p \sum_{l=1}^{L} \sum_{n=1}^{N} \sum_{m=1}^{M} g_n \left[1 - e^{-\theta Y_l X_{ml} Z_{ln} t_{lmn}} \right] \qquad (4-13)$$

在末端配送网点建设时，考虑总经济效益最大化，故末端配送网点综合成本最小化模型为

$$\max T = \sum_{l=1}^{L} \sum_{n=1}^{N} Y_l \lambda_n F(t_{ln}) \tag{4-14}$$

因此：

$$\min C = \sum_{l=1}^{L} Y_l(h_l + r_l) + a \sum_{l=1}^{L} \sum_{m=1}^{M} Y_l X_{ml} g_{ml} D_{ml} + a \sum_{l=1}^{L} \sum_{n=1}^{N} Y_l V_{ln} g_n D_{ln} +$$

$$100\beta p \sum_{l=1}^{L} \sum_{n=1}^{N} \sum_{m=1}^{M} g_n \left[1 - e^{-\theta Y_l X_{ml} Z_{ln} t_{lmn}} \right] \tag{4-15}$$

s. t.

$$Z = \sum_{l=1}^{L} Y_l \tag{4-16}$$

$$Q_m \geqslant \sum_{l=1}^{L} Y_l g_{ml} \tag{4-17}$$

$$Y_l \geqslant X_{ml} \tag{4-18}$$

$$Y_l \geqslant V_{ln} \tag{4-19}$$

$$\sum_{l=1}^{L} Y_l V_{ln} = 1 \tag{4-20}$$

$$\sum_{m=1}^{M} X_{ml} g_{ml} \geqslant \sum_{n=1}^{N} V_{ln} g_n \tag{4-21}$$

$$\sum_{l=1}^{L} X_{ml} \geqslant 1 \tag{4-22}$$

$$\sum_{n=1}^{N} V_{nl} \geqslant 1 \tag{4-23}$$

$$g_{ml} \geqslant 0, \ n \in N, \ m \in M, \ l \in L \tag{4-24}$$

$$V_{ln}(1 - V_{ln}) = 0 \tag{4-25}$$

$$X_{ml}(1 - X_{ml}) = 0 \tag{4-26}$$

$$Y_l(1 - Y_l) = 0 \tag{4-27}$$

其中，式（4-16）表示配送中心总数量满足需求；式（4-17）表示城市配送中心 m 供应量大于存储量；式（4-18）表示城市配送中心 m 将生鲜农产品配送至所选定的末端网点 l；式（4-19）表示需求点 n 由末端配送网点 l 进行配送；式（4-20）表示每个需求点仅由一个末端配送网点 l 配送；式（4-21）表示城市配送中心 m 向末端配送网点 l 的供应量大于末端网点 l 的配送量；式（4-22）表示城市配送中心 m 至少向一个末端配送网点配送；式（4-23）表示末端配送网点 l 至少向一个客户需求点配送；式（4-24）表示非负约束；式（4-25）、式（4-26）、式（4-27）表示 V_{ln}、X_{ml}、Y_l 为 0~1 的变量。

（二）构建下层规划模型

在本节构建的基于时间满意度的末端配送网点布局双层规划模型中，下层模型主要从末端消费者的消费体验出发，使消费者对于配送的时间满意度最大。时间满意度是消费者的主观体验，是对企业末端配送服务的满足感。因此，本节采用末端配送网点进行末端配送的实际时长和消费者预计等待时长的关系对时间满意度进行量化。

MT 企业配送平台根据配送中的历史数据估算、城市交通通行状态、配送距离、门店分拣时间四个影响因素，进而为平台和骑手估算出预计送达时间，本节将预计送达时间设为 R_n，预计送达时间使客户对平台的配送时间有了更加合理的预期。消费者通过 MT 企业平台下单后，平台会告知消费者预计送达时间从而使消费者形成了预计等待时长，将这一时长与末端配送网点实际的配送时长进行比较，并通过 0~1 的数值衡量平台末端消费者的时间满意程度。若末端配送网点在预计的配送时长内完成订单，则消费者的时间满意程度介于 0~1，表示为满意；若末端配送网点没能在预计时长内完成配送，实际配送时长大于预计等待时长，则消费者的时间满意度为 0，表示为不满意。客户满意度时间轴如图 4-6 所示。

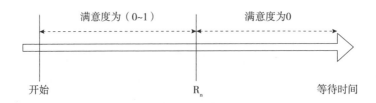

图 4-6　客户满意度时间轴

本节采用凹凸时间满意度函数，当消费者通过平台下单后，随着配送时长的增加，消费者时间满意度降低，当配送时间超过 R_n 时，消费者时间满意度将为 0，消费者时间满意程度与末端网点配送时长的关系如下：

$$F(t_{ln}) = \begin{cases} 1 - \left(\dfrac{t_{ln}}{R_n}\right)^\alpha, & 0 < t_{ln} < R_n \\ 0, & t_{ln} > R_n \end{cases} \tag{4-28}$$

随着消费者等待时长的增加，消费者的时间满意度会根据配送时长的增加而递减，其中 α 为消费者对时间满意度的敏感系数：当 $\alpha > 1$ 时，消费者的时间满意度函数曲线为凸；当 $\alpha < 1$ 时，该函数曲线为凹；当 $\alpha = 1$ 时，该函数成为一条直线，如图 4-7 所示。

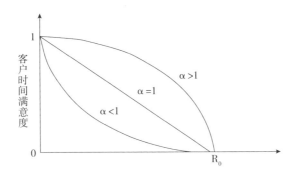

图 4-7　时间满意度函数

为方便计算，本节暂定 $\alpha = 1$，因此消费者时间满意程度与末端网点配送时长的关系如下：

$$F(t_{ln}) = \begin{cases} 1 - \dfrac{t_{ln}}{R_n}, & 0 < t_{ln} < R_n \\ 0, & t_{ln} > R_n \end{cases} \tag{4-29}$$

综上，下层模型中时间满意度模型为

$$\max T = \sum_{l=1}^{L} \sum_{n=1}^{N} F(t_{ln}) V_{ln} \tag{4-30}$$

四、模型求解

(一)求解思路

双层规划模型涉及上、下两层,不同目标函数之间会存在难以进行比较、相对矛盾的情况,因此本章通过优化计算求得一个解集,该解集成为帕累托前沿。通过使用 NSGA-Ⅱ求解基于时间满意度的末端配送网点布局优化模型,并通过 MATLAB 进行仿真模拟计算。

本节构建的 MT 企业城市末端配送网点布局双层规划模型,目标函数为企业综合成本最优和顾客时间满意度最大。上层决策变量为在某点建立末端配送网点(Y_1),目标函数综合成本包含三个部分:固定建设成本、运输成本以及货损成本;下层遗传算法决策变量(V_{ln}),表示该客户需求点是否由此末端配送网点进行配送,解决客户需求点分配情况以及末端配送网点布局优化问题,求解思路如图 4-8 所示。

(二)求解步骤

1. 编码及初始化

本节主要涉及两个决策变量:Y_1 和 V_{ln}。l 表示选择 1 点为末端配送网点,V_{ln} 表示第 n 个客户需求点由末端配送网点 1 配送。染色体主要包括选址决策和需求点分配两组,二进制编码适合解决选址问题。在染色体上用"1"表示该末端配送网点被选中,用"0"表示该末端配送网点没有被选中。每个个体的长度表示备选位置的个数。例如,"00100010"表示从备选末端配送网点中选取 2 个,选中的分别为 3 号末端配送网点和 7 号末端配送网点。通过随机生成初始群体的方法进行种群初始化,以增加初始种群的多样性和随机性,在确定种群规模的基础上随机生成初始解。

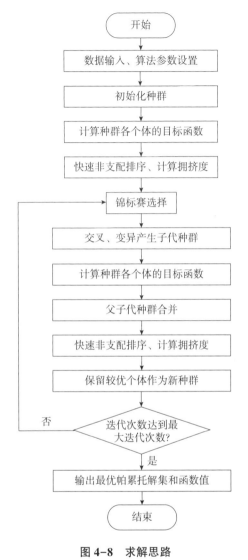

图4-8 求解思路

2. 种群规模选择

在末端配送网点布局规划模型中，种群规模的大小将影响到算法的性能，若种群规模较小，则会出现"早熟现象"，导致算法过早收敛；若种群规模过大，则会导致计算时间过长、收敛时间增大，但较大的种群规模

117

会增大算法计算时间，使其收敛到其最优解结果，进而增强整体搜索能力。

3. 适应度函数目标确定

适应度函数用于模拟种群环境对其个体的影响程度，能够区分种群优良性，以及个体是否可以进行接下来的迭代遗传，并将其作为算法迭代寻找最优解的判别依据。适应度函数的选取直接影响算法全局搜索方向和收敛效率。在一般情况下，组合优化问题一般都是直接选择目标函数，或者利用目标函数的倒数将目标函数转化成相应的函数值。本章设适应度函数如下：

$$F' = \frac{1}{F+\mu} \qquad (4-31)$$

式中：F 为函数的初始数值；F′ 为经过转换后的函数值。将（0,1）设为函数的随机参数，以此来保证函数值单值为非负且最大化的条件，避免在运算中出现异常值。

4. 约束处理

在本节构建的双层规划模型中，末端配送网点的生鲜农产品由城市配送中心进行配送，因此需设定城市配送中心的生鲜农产品仓储量大于或等于各末端配送网点的需求总量，末端配送网点的生鲜农产品仓储量大于或等于客户需求点的总需求量，且末端配送网点仅由固定的城市配送中心进行配送，一个末端配送网点可以对多个客户需求点进行配送。

5. 非支配排序

在模型进行运算之前，将根据个体的非支配情况对种群进行分级。首先，将种群内所有非支配解划分为同一级别，并将其定义为帕累托前沿 1，后续将帕累托前沿 1 剔除，在种群中进行非支配解排序，再将其定义为帕累托前沿 2，不断重复上述操作，直到种群中所有个体都被授予等级后再终止。

6. 遗传操作

（1）选择操作。选择操作通过锦标赛选择策略，每次从种群中取出相应单位的个体，然后将其放入子代种群，并不断重复该操作，直到新的种群规模达到原有的种群规模。

（2）交叉操作。交叉操作是指在操作过程中，模拟自然界中进行"有丝分裂"的过程，在整个交叉过程中，父代的交叉部分是在求解过程中随机生成的，因此可能会在进行交叉运算时由此产生不符合要求的子代，所以研究人员必须对产生的子代进行可行性判断。如果产生了不可行解则需要取消本次交叉操作，转移到其他染色体进行交叉操作。例如，"1101011001"和"1010100101"交叉点为5，经过单点交叉变异后为"1101000101"和"1010111001"。

（3）变异操作。由于种群基因具有多样性，能够模仿生物界的基因突变，因此通过以一定概率对其种群内某些位置引入新的基因加入其中或对个别基因信息进行修改，以此突破当前搜索存在的局限性，即算法的变异操作。

7. 算法终止

当达到预先设定的最大迭代次数后，算法终止循环。

本节构建了基于时间满意度的末端配送网点布局优化双层规划模型，充分考虑企业经营和消费者使用体验，以企业固定建设成本、运输成本及货损成本的综合成本最低和客户的配送时间满意度最大化为目标，构建了双层规划模型，并对模型求解的算法选择和求解思路进行了阐述，为生鲜电商企业末端配送网点布局优化提出了一个较好的方案。

第三节
美团企业城市末端配送网点最优空间布局

本节以 MT 企业在北京市通州区现有的末端配送网点布局情况为例，

对所建模型的适用性进行验证。通州区作为北京城市副中心，常住人口超过 184 万人，经实地调研，本节将北至北关路、南至运河西大街、西至新华北路、东至东六环路这一矩形区域作为研究范围。综合考量固定建设成本、运输成本、货损成本以及时间满意度，对范围内的客户需求点进行分析，通过非支配排序遗传算法对模型进行求解得到相应解集，并对其进行分析得到最优空间布局。

一、城市末端配送网络相关节点的确定

（一）客户需求点和需求量的确定

根据"安居客"平台的相关信息，对研究范围内的居民小区信息进行统计，并利用坐标拾取器根据小区名称和地点对居民小区进行坐标定位，得到小区数 48 个，其中特大型居民小区 2 个，占比 4%；大型居民小区 12 个，占比 25%；中型居民小区 19 个，占比 40%；小型居民小区 15 个，占比 31%。根据北京市平均每户人数约为 2 人，求得各小区的人口数量；根据生鲜电商用户占比为 32.19%，求得北京市通州区该区域内的生鲜电商平台用户数量；根据 TrustDate 统计生鲜电商平台用户然后对平台的用户日单量进行计算，得到选择使用 MT 企业的概率为 38%。根据《中国食物与营养发展纲要（2014-2020 年）》中对我国居民全年人均消费果蔬农产品重量的统计，即果蔬约 140 千克、水果约 60 千克，并根据北京市居民人均年乳制品消耗量 50 千克，得到年人均消费量约为 250 千克，进而进一步对该范围内居民需求量进行估算。其中相关小区名称、坐标、户数、人口数、需求量统计情况如表 4-3 所示。

运用 K-means++ 聚类算法，对上述 48 个居民小区坐标以及相应需求量进行聚类，经过 300 次迭代后，将其聚类为 12 个需求点作为本章研究的客户需求点，其相应聚类中心坐标以及相应需求量情况如表 4-4 所示。

表4-3 居民小区坐标、规模及需求量统计

序号	小区名称	X坐标	Y坐标	户数（户）	人口数（人）	需求量（吨）
1	天时名苑	116.6586	39.9111	2043	4719	144.30
2	西马庄园	116.6350	39.9211	4830	11157	341.15
3	京贸国际公寓	116.6306	39.9118	2086	4819	147.34
4	天赐良园（东区）	116.6460	39.9322	1181	2728	83.41
5	万方家园（通州）	116.6471	39.9107	663	1532	46.83
6	天赐良园（北区）	116.6485	39.9340	862	1991	60.88
7	新潮嘉园（二区）	116.6415	39.9237	1070	2472	75.57
8	K2清水湾（别墅）	116.6415	39.9237	1225	2830	86.52
9	通典铭居	116.6412	39.9130	1514	3497	106.93
10	澜花语岸	116.6415	39.9237	780	1802	55.09
11	华龙小区（二期）	116.6415	39.9237	797	1841	56.29
12	杨庄小区	116.6381	39.9101	1786	4126	126.15
13	通惠北路小区	116.6503	39.9215	1756	4056	124.03
14	新潮嘉园（一区）	116.6415	39.9237	608	1404	42.94
15	小街之春嘉园	116.4134	39.910	944	2181	66.68
16	新潮嘉园（三区）	116.6415	39.9237	664	1534	46.90
17	北苑157号院	116.6370	39.9133	192	444	13.56
18	古韵新居	116.6415	39.9237	462	1067	32.63
19	新华西街145号院	116.6448	39.9141	771	1781	54.46
20	通惠南路小区	116.6501	39.9097	670	1548	47.32
21	新华西街131号院	116.6466	39.9133	366	845	25.85
22	杨庄15号院	116.6382	39.9109	186	430	13.14
23	八里桥南街小区	116.6355	39.9127	645	1490	45.56
24	天赐良园（西区）	116.6449	39.9324	808	1866	57.07

序号	小区名称	X坐标	Y坐标	户数（户）	人口数（人）	需求量（吨）
25	竹木厂小区	116.6438	39.9188	1605	3708	113.36
26	首开香溪郡北区	116.6415	39.9237	722	1668	51.00
27	京铁潞园	116.6294	39.9125	822	1899	58.06
28	金海街36号院	116.6454	39.9210	177	409	12.50
29	榆景苑	116.6415	39.9237	47	109	3.32
30	物资学院家属院	116.6449	39.9343	111	256	7.84
31	金融街·园中园	116.6415	39.9237	828	1913	58.48
32	运河铭著	116.6415	39.9237	70	162	4.94
33	永顺南街小区	116.6507	39.9184	54	125	3.81
34	永顺北街1号楼	116.6501	39.9256	72	166	5.09
35	砖厂中路201号院	116.4134	39.9109	130	300	9.18
36	光荣院家属院	116.6503	39.9226	180	416	12.71
37	新建村（二期）	116.6415	39.9237	5252	12132	370.95
38	万达广场（通州）	116.6474	39.9111	5	12	0.35
39	通州气象局家属院	116.6466	39.9212	175	404	12.36
40	水泵厂宿舍	116.6504	39.9096	48	111	3.39
41	西门斗子营23号院	116.6499	39.9136	60	139	4.24
42	河和居	116.6426	39.9150	220	508	15.54
43	永顺南街304号院	116.6501	39.9194	72	166	5.09
44	新建村（一期）	116.6457	39.9289	1850	4274	130.57
45	诺丁山小区	116.6415	39.9237	560	1294	39.55
46	台湖东区	116.6415	39.9237	1528	3530	107.92
47	绿色家园	116.6415	39.9237	60	139	4.24
48	珺芳苑	116.6508	39.9106	156	360	11.02

表4-4 客户需求点相关信息

序号	X 坐标	Y 坐标	需求量（吨）
N1	116.6640	39.9157	12.501
N2	116.6615	39.9237	370.950
N3	116.6629	39.9174	44.850
N4	116.6637	39.9279	84.965
N5	116.6647	39.9202	126.950
N6	116.6546	39.9115	145.820
N7	116.6617	39.9235	56.416
N8	116.6668	39.9203	4.231
N9	116.6550	39.9211	341.150
N10	116.6641	39.9185	29.240
N11	116.6621	39.9185	109.403
N12	116.6614	39.9173	71.125

（二）末端配送网点的确定

针对 MT 企业末端配送网点的调研发现，在该研究范围内，现有 4 个末端配送网点，受该区域内运河等地理因素影响，其所布局的末端配送网点较为偏僻，且远离居民区。根据所选研究范围内的居民居住密度以及需求量，考虑学校、商业办公楼等不同类型的客户需求点，故补充 4 个末端配送网点作为备选点，结合原有末端配送网点，所有备选末端配送网点信息情况如表 4-5 所示。

综上，MT 企业现有和备选末端配送网点以及客户需求点布局情况如图 4-9 所示，▆为末端配送网点，即 MT 企业的前置仓；●为聚类后的客户需求点，末端配送网点为客户需求点提供配送服务。

表4-5 末端配送网点运营状态及坐标信息

序号	地址	运营状态	X 坐标	Y 坐标
L1	北京市通州区运河西大街运河中学	备选	116.6814	39.8978
L2	北京市通州区潞苑五街	现有	116.6862	39.9373
L3	北京市通州区新华北路 117 号	现有	116.6611	39.9195
L4	北京市通州区玉带河大街 4 号	现有	116.6938	39.9072
L5	北京市通州区玉带河大街 88 号	备选	116.6478	39.9080
L6	北京市通州区芙蓉路 1 号	备选	116.6968	39.9256
L7	北京市通州区北苑南路 20 号院 5 号楼	现有	116.6509	39.9013
L8	北京市通州区潞苑南大街甲 560 号	备选	116.6772	39.9320

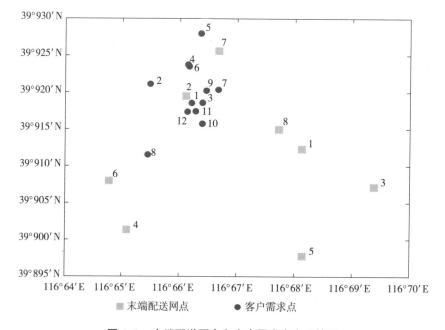

图 4-9 末端配送网点和客户需求点布局情况

（三）城市配送中心的确定

城市配送中心作为 MT 企业的运营大仓，承担着为末端配送网点进行分拨、配送的任务，以保障末端配送网点能够满足广大消费者的末端需求。根据调研，MT 企业现有 2 个城市配送中心分别为区域范围内的末端需求点配送生鲜农产品以及冷藏冷冻品，其具体坐标信息如表 4-6 所示。

表 4-6　城市配送中心坐标信息

序号	名称	地址	X 坐标	Y 坐标
M1	城市配送中心 1	北京市通州区九周路与通房路交汇处	116.6689	39.7232
M2	城市配送中心 2	北京市丰台区南苑西路	116.3475	39.8238

MT 企业城市配送中心与末端配送网点的分布情况如图 4-10 所示，图中两个▲为城市配送中心，分别为■所代表的末端配送网点供应不同种类的生鲜农产品。

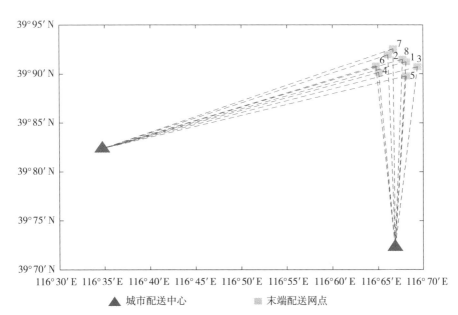

图 4-10　配送网络分布情况

二、末端配送网点双层规划模型相关数据分析

（一）上层规划模型相关数据分析

在末端配送网点上层规划模型中，综合成本主要由三部分成本构成：固定建设成本、运输成本和货损成本。

1. 固定建设成本

主要考虑到门店租赁费用以及门店内设施设备的折旧费用，按照调研情况，前置仓门店投入建设成本约为 50 万元，冷链设施设备平均使用年限为 15 年，残值率为 5%，故得到其相应的固定建设成本，相关数据如表 4-7 所示。

表 4-7　固定建设成本相关数据

项目名称	数据明细
前置仓建设固定投入成本（万元）	50
房屋租金（元/月）	31500
水电成本（元/月）	5000

2. 运输成本

主要考虑从城市配送中心到末端配送网点的运输成本和从末端配送网点到客户需求点的配送成本，根据调查研究得出相对应的运输距离和配送距离，具体数据如表 4-8 和表 4-9 所示。

表 4-8　运输距离　　　　　　　　　单位：千米

末端配送网点	城市配送中心 M1	城市配送中心 M2
末端配送网点 L1	21.0553	30.1334
末端配送网点 L2	21.8355	28.8003
末端配送网点 L3	20.5649	30.9742
末端配送网点 L4	19.8670	27.2933
末端配送网点 L5	19.4416	29.6593
末端配送网点 L6	20.6254	27.2814
末端配送网点 L7	22.5071	29.5058
末端配送网点 L8	21.3352	29.9118

表 4-9　配送距离　　　　　　　　　单位：千米

客户需求点	末端配送网点 L1	末端配送网点 L2	末端配送网点 L3	末端配送网点 L4	末端配送网点 L5	末端配送网点 L6	末端配送网点 L7	末端配送网点 L8
客户需求点 N1	21.0553	30.1334	2.9297	2.1363	2.7832	1.7130	0.8860	1.2981
客户需求点 N2	21.8355	28.8003	2.9797	2.1365	2.8278	1.6962	0.8838	1.3473
客户需求点 N3	20.5649	30.9742	3.3156	2.6489	3.3470	2.1071	0.4996	1.6614
客户需求点 N4	19.8670	27.2933	2.8345	2.2177	2.7395	1.8201	0.8200	1.1935
客户需求点 N5	19.4416	29.6593	3.2811	2.6264	3.3094	2.0925	0.4955	1.6264
客户需求点 N6	20.6254	27.2814	2.7284	2.5081	2.7968	2.1257	0.5882	1.0723
客户需求点 N7	22.5071	29.5058	3.3773	1.1736	2.7451	0.7033	1.8823	1.9699
客户需求点 N8	21.3352	29.9118	3.4521	3.1543	3.6754	2.6047	0.3692	1.8473
客户需求点 N9	1.5129	0.4886	2.7101	1.9510	2.4807	1.6328	1.1263	1.1303
客户需求点 N10	2.4395	0.5512	3.6536	2.2237	3.4309	1.5830	1.1256	2.0166
客户需求点 N11	1.7786	0.2406	2.9846	1.9915	2.7603	1.5614	1.0288	1.3765
客户需求点 N12	1.6568	0.3176	2.8720	2.4047	2.8672	1.9841	0.6282	1.2165

3. 货损成本

通过使用新鲜度函数对生鲜农产品在运输和配送环节根据时间变化引起的新鲜程度变化进行分析。根据 2022 年 1 月 28 日农业农村部的检测报告所检测的蔬菜平均价格，设定单位重量生鲜农产品生产成本为 5800 元/吨，考虑生鲜农产品的变质率、需求量随新鲜度下降比例，相关参数如表 4-10 所示。

表 4-10　货损成本相关参数

参数名称	符号	参数值
需求量随新鲜度下降比例	β	0.019
恒定腐坏率	θ	0.015
运费率（元/吨·千米）	a	1
预计配送时长（小时）	R_n	0.5
单位重量生鲜农产品生产成本（元/吨）	p	5800

（二）下层规划模型相关数据分析

下层规划模型从客户时间满意度出发，以消费者客户体验最佳为目标，通过预计送达时间和实际等待时间衡量消费者的时间满意度。MT 企业根据距离以及配送是否高峰期等因素设定 0.5 小时和 1 小时两个预计等待时间，通过调研并收集身边平台用户的下单和实际送达时间，将调研得到相应数据（见表 4-11）代入时间满意度函数，得到顾客总体满意度为 8.2。每个订单满意度最高为 1，共 50 个订单，总体满意度最大为 50，最小为 0，由此可见顾客总体时间满意度偏低。本章在后续研究中将预计送达时间统一设定为 0.5 小时。

表 4-11　MT 平台配送时间明细

序号	下单时间	预计送达时间	实际送达时间	预计等待时长（分钟）	实际等待时长（分钟）
1	12：23	13：23	12：55	60	32
2	15：52	16：22	16：29	30	37
3	10：22	10：52	10：45	30	23
4	16：01	16：31	16：35	30	34
5	11：28	12：28	12：00	60	32
6	18：52	19：22	19：20	30	28
7	18：34	19：04	18：56	30	22
8	8：09	8：39	8：27	30	18
9	18：25	19：25	19：23	60	58
10	17：35	18：35	18：19	60	44
11	18：03	19：03	19：02	60	59
12	20：19	20：49	20：45	30	26
13	15：23	15：53	15：50	30	27
14	17：29	18：29	18：15	60	46
15	16：45	17：45	17：47	60	62
16	11：48	12：48	12：45	60	57
17	12：22	13：22	13：17	60	55
18	16：06	16：36	16：38	30	32
19	19：53	20：23	20：52	30	59
20	11：41	12：41	12：25	60	44
21	18：11	19：11	18：52	60	41
22	9：21	9：51	9：43	30	22
23	10：14	10：44	10：40	30	26
24	11：31	12：01	12：22	30	51
25	10：17	10：47	10：32	30	15

序号	下单时间	预计送达时间	实际送达时间	预计等待时长（分钟）	实际等待时长（分钟）
26	19：23	19：53	20：13	30	50
27	20：42	21：12	21：15	30	33
28	19：08	19：38	19：38	30	30
29	12：42	13：42	13：18	60	36
30	8：22	8：52	8：57	30	35
31	9：15	9：45	9：42	30	27
32	10：36	11：06	11：03	30	27
33	18：23	19：23	19：20	60	57
34	17：36	18：36	18：25	60	49
35	21：03	21：33	21：28	30	25
36	16：22	16：52	16：45	30	23
37	17：23	17：53	17：51	30	28
38	19：55	20：25	20：22	30	27
39	18：22	19：22	19：05	60	43
40	18：42	19：12	19：02	30	20
41	19：23	19：53	19：47	30	24
42	11：54	12：54	12：15	60	21
43	17：49	18：49	18：45	60	56
44	16：11	16：41	16：37	30	26
45	14：49	15：19	15：24	30	35
46	17：32	18：32	18：12	60	40
47	16：38	17：08	17：07	30	29
48	16：01	17：01	16：45	60	44
49	13：05	13：35	13：45	30	40
50	11：24	11：54	11：48	30	24

三、模型验证及结果分析

通过使用 MATLAB 软件对本章构建的基于时间满意度的末端配送网点布局双层规划模型进行编程并求解，主要代码见本书附录，得到图 4-11 所示的上层综合成本迭代变化以及图 4-12 所示的时间满意度迭代变化。

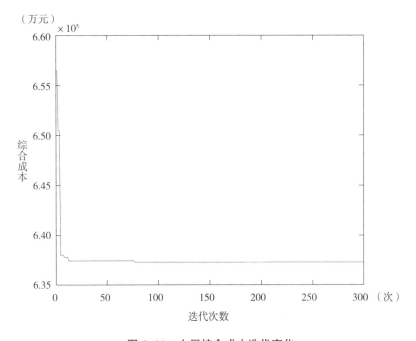

图 4-11　上层综合成本迭代变化

通过多次迭代运算，得到其相应的帕累托前沿图，如图 4-13 所示，该部分前沿图代表该模型中所对应求得的最优解集。

从图 4-13 可以看出，经计算得到 10 个帕累托最优解。其中：

（1）图 4-14 所示为上层规划最优的末端配送网点布局方案。在该方案中所选择的末端配送网点为 L2、L4、L6，其中 L2、L4 为现有末端配送网点，L6 为备选末端配送网点。在该解集方案中，各末端配送网点所覆盖的客户需求点如表 4-12 所示。

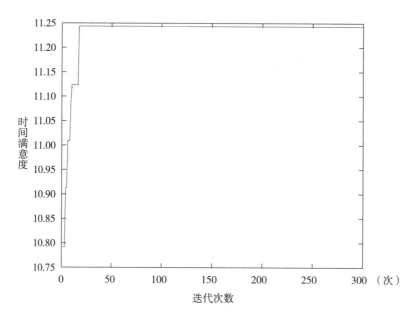

图4-12 时间满意度迭代变化

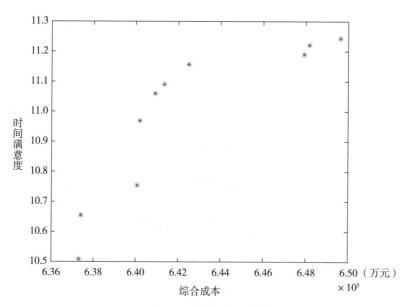

图4-13 帕累托前沿图

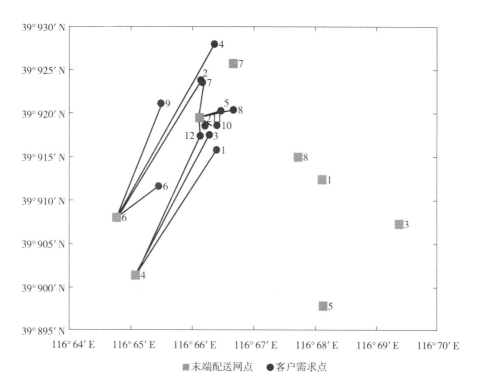

图 4-14　上层规划最优的末端配送网点布局方案

表 4-12　上层规划最优方案中末端配送网点服务范围

末端配送网点	覆盖的客户需求点
L2	N5、N7、N8、N10、N12
L4	N1、N3、N11
L6	N2、N4、N6、N9

（2）图 4-15 所示为下层规划最优的末端配送网点布局方案。在该方案中所选择的末端配送网点为 L2、L6、L7，其中 L2、L7 为现有末端配送网点，L6 为备选末端配送网点。在该解集方案中，各末端配送网点所覆盖的客户需求点如表 4-13 所示。

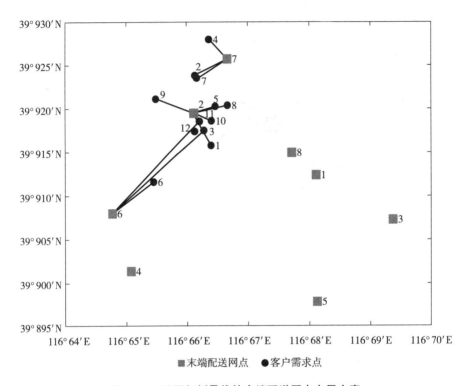

■ 末端配送网点　● 客户需求点

图4-15　下层规划最优的末端配送网点布局方案

表4-13　下层规划最优方案中末端配送网点服务范围

末端配送网点	覆盖的客户需求点
L2	N1、N5、N8、N9、N11
L6	N3、N6
L7	N2、N4、N7、N10、N12

（3）图4-16所示为同时考虑综合成本最小且客户时间满意度最大的综合最优方案。在该方案中所选择的末端配送网点为L2、L6、L7，其中L2、L7为现有末端配送网点，L6为备选末端配送网点。在该解集方案中，各末端配送网点所覆盖的客户需求点如表4-14所示。

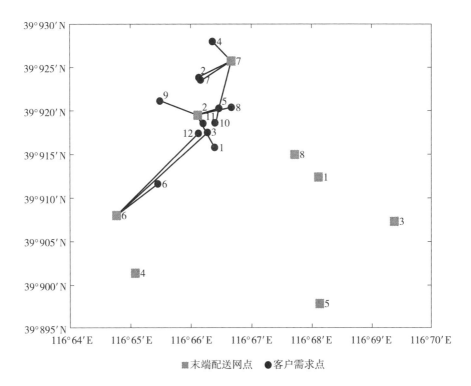

图 4-16 综合最优方案

表 4-14 综合最优方案中末端配送网点服务范围

末端配送网点	覆盖的客户需求点
L2	N1、N5、N8、N9、N10、N12
L6	N3、N6、N11
L7	N2、N4、N7

在以上三种最优方案中，最优化末端配送网点的数量都为 3 个，虽然数量相同，并且下层规划最优方案与综合最优方案所选择的末端配送网点相同，但其所服务的客户需求点与需求量以及配送方案有所不同，导致其相应的综合成本以及客户时间满意度也不尽相同，如表 4-15 所示。

表4-15　末端配送网点布局优化方案

方案	固定建设成本（元）	运输成本（元）	货损成本（元）	综合成本（元）	时间满意度
上层规划最优方案	7638.89	75591.85	554066.20	637296.94	10.51
下层规划最优方案	15277.78	76390.85	557965.60	649634.23	11.24
综合最优方案	7638.89	76425.24	558434.09	642498.22	11.16

从表4-15可以看出，上层规划最优方案，以综合成本最小为目标，其总成本为637296.94元，时间满意度为10.51；下层规划最优方案，以客户体验度最佳为目标，时间满意度最大，其总成本为649634.23元，时间满意度为11.24。本章根据双层规划模型中的帕累托最优解集，以上层综合成本最小、下层客户时间满意度最大得出综合最优方案，其总成本为642498.22元，时间满意度为11.16，相较上层规划最优方案，客户时间满意度提升了6.18%；相较下层规划最优方案，综合成本降低了7136.01元。

根据实地参观调研得知，优化前末端配送网点布局方案为L2、L3、L4、L7，其各成本如表4-16所示。

表4-16　优化前末端配送网点布局方案及其成本

方案	末端配送网点	固定建设成本（元）	运输成本（元）	货损成本（元）	综合成本（元）
优化前	L2、L3、L4、L7	10223.00	74205.00	558043.00	1289922.00

为更好地体现该区域内末端配送网点布局优化效果，将优化前后的末端配送网点布局方案进行比较，如表4-17所示。

表4-17　优化前后的末端配送网点布局方案对比分析

方案	末端配送网点	固定建设成本（元）	运输成本（元）	货损成本（元）	综合成本（元）	时间满意度
优化前	L2、L3、L4、L7	10223.00	74205.00	558043.00	1289922.00	8.7
优化后	L2、L6、L7	7638.00	76217.00	557054.00	640910.00	11.06

综上所述，在优化前的末端配送网点布局方案中，由末端配送网点L2、L3、L4、L7对该区域内进行配送；在优化后的方案中，由末端配送网点L2、L6、L7对该区域内进行配送，其中L6为备选末端配送网点，剔除了现有末端配送网点L3、L4。因为现有末端配送网点L3、L4所处位置相对较远，且周边需求量相对较低，导致末端配送网点L2需要服务的客户需求量过多，在此过程中便会存在由于积压订单较多导致客户的时间满意度下降的情况。优化后的方案综合成本降低了649012.00元，时间满意度提高了2.36。因此，在优化前的末端配送网点布局方案的基础上，在保障现有服务范围和客户需求量的条件下，根据本章构建的基于时间满意度的末端配送网点布局双层规划模型进行智能优化后的方案，减少了末端配送网点的数量，并规划了更为合适的网点位置，极大地降低了末端配送网点的综合成本，同时提升了客户时间满意度，使企业能够更好地为消费者提供末端配送服务，保障消费者对生鲜农产品的需求。

四、结论

随着我国国民生活水平的提高，对于生鲜农产品这类日常消耗品，从对数量上的需求转变为对服务质量的要求，通过生鲜电商平台购买生鲜农产品也成为疫情常态化下越来越多的消费者选择的生鲜消费方式。为更好地保障生鲜农产品的供应，生鲜物流配送网络的布局优化关乎生鲜物流配送的整体效益。因此，本章以MT企业在北京市通州区生鲜电商末端配送网点布局为例，构建了基于时间满意度的生鲜电商末端配送网点布局双层规划模型，通过实地调研以及数据分析，采用带经营策略的非支配排序遗传算法对上述模型进行求解，并对求解情况进行对比与分析，为生鲜电商城市末端配送网点布局优化提供了实用可靠的参考方案。

第一，结合实际情况对生鲜电商末端配送网络的现状进行分析，以当下生鲜电商主流企业MT企业为代表，对其末端配送网点布局现状、存在的问题进行研究，并指出其末端配送网点布局存在的问题：网点布局缺少竞争优势、网点建设成本较高、订单配送超时严重；进而构建基于时间满意度的末端配送网点布局双层规划模型：上层规划模型考量末端配送网点固定建设成本、运输成本、货损成本，以综合成本最小为目标；下层规划模型考量客户时间满意度，以时间满意度最大为目标。

第二，通过调研区域内居民小区基本情况、人们对生鲜产品的需求量等信息，将区域内所涉及的 48 个居民小区聚类为 12 个末端需求点，根据现有末端配送网点情况适当增加备选末端配送网点，并结合 MT 企业现有的城市配送中心，进而构建形成完整的生鲜电商城市末端配送网络。然后使用 MATLAB 软件对模型进行仿真求解，根据帕累托解集求得的方案，结合固定建设成本、运输成本、货损成本以及客户时间满意度得到相应的优化方案，最终确定了综合成本最小化和顾客时间满意度最大化的解决方案，并将优化前后的方案进行对比，末端配送网点的合理化布局能够在保障企业经济效益的同时，有效提升消费者的满意度。

第三，本章存在需要改进的方面，影响末端配送网点布局的因素很多，未来可以在双层规划模型中适当增加一些影响因素。一是除时间满意度外，生鲜农产品的质量下降同样会导致客户需求量的减少。二是在实际运营中，布局方案不同，运输和配送环节所产生的运费率会存在差异，而本章仅以固定建设成本、运输成本、货损成本为考量，缺少对生鲜农产品二次加工、抽检、库存损耗等其他成本和突发事件的影响因素考量。未来研究可以在双层规划模型中适当考虑以上不足之处，使双层规划模型更加科学完善全面、更加贴近实际。

第五章

城市群冷链物流配送网络
选址—路径—库存问题的优化

在各城市人口和经济总量不断提升的过程中，也带来了城市之间的社会分工，中心城市与周边城市的区域经济定位不同，产业发展不同，导致人口密集程度、资源构成、劳动力流动趋势等都产生了急速变化，进而改变了居民对果蔬、鲜肉、奶制品等冷链产品的需求（尹丽，2021）。冷链物流需求的急速改变，必须有与之相匹配的城市冷链物流配送网络。但目前城市冷链物流配送网络建设主要受市场推动，由企业建设运营，导致物流设施建设较为混乱。《中国冷链物流发展报告（2022）》指出，随着全民冷链需求的暴发，基础设施日益完善，新技术对产业驱动强劲，2021年中国冷库容量达到0.52亿吨，而同年中国冷链物流需求总量为2.75亿吨，冷链设施现有容量远低于需求数量，居民需求无法得到满足，如图5-1、图5-2所示。

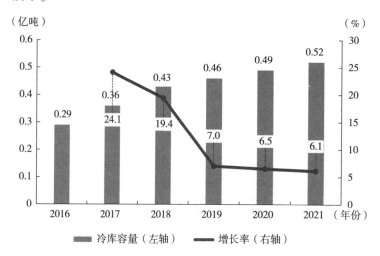

图 5-1　2016~2021 年中国冷库容量及其增长率

资料来源：中国物流与采购联合会冷链物流专业委员会. 中国冷链物流发展报告（2022）[M]. 北京：中国财富出版社有限公司，2022.

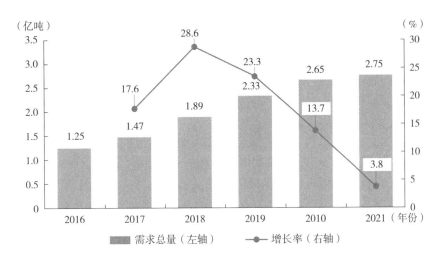

图5-2　2016~2021年中国冷链物流需求总量及其增长率

资料来源：中国物流与采购联合会冷链物流专业委员会. 中国冷链物流发展报告（2022）
[M]. 北京：中国财富出版社有限公司，2022.

根据中冷联盟资料显示，从2016年始，中国冷链物流总额已突破2000亿元，且呈逐年增长趋势，如图5-3所示。

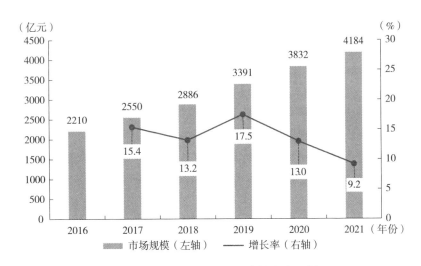

图5-3　2016~2021年中国冷链物流总额

资料来源：中冷联盟。

由图 5-2、图 5-3 可知，2016~2021 年中国冷链物流总额与需求总量持续增长，2021 年中国冷链物流总额达 4184 亿元，同比增长 9.2%，冷链物流需求增长至 2.75 亿吨，同比增长 3.8%。根据中冷联盟测算，2025 年中国冷链物流市场规模预计将超过 5500 亿元。为了满足居民日趋旺盛的生活需求，保障冷链产品质量，国家相关部门出台了一系列的政策法规。2020 年中央一号文件指出，要完善农产品供应链，补上"三农"领域的突出短板，构建先进的冷链物流配送网络是促进我国农业现代化水平、增加农民收入、实现乡村振兴、保障民生的关键支撑之一。2021 年《"十四五"冷链物流发展规划》强调，各城市应当促进冷链物流资源整合，构建协同高效、安全绿色、便捷可靠的冷链物流配送网络。要构建与城市发展相匹配的冷链物流配送网络，必须充分和合理利用城市现有的冷链物流资源，将中心城市和周边城市之间的冷链物流资源进行整合，提高城市冷链物流资源效率和效益。因此，如何保证在区域性冷链物流基地疏解的同时，科学合理优化城市冷链物流网络节点空间布局，有效控制冷链配送效率，使冷链物流网络整体利益最大化，具有研究意义。

第一节
城市群冷链物流网络

城市群是由城市发展演化而来的，城镇化的推进都是从城市内部开始的，随着城镇化发展程度的不断提高，城市的范围在逐渐扩大，相互之间由农田形成的边界壁垒也在逐渐消失，人口流动和物质交换频繁，内在联系加强，逐渐成为相互影响相互作用相互依托的城市共同体，是现代城市演变发展的高级形态和未来方向。京津冀城市群作为中国的"首都经济圈"，在经济建设中占据重要地位。因此，在研究城市冷链物流配送网络优化问题时，将京津冀城市群作为研究对象，能够更好地匹配居民对冷链产品日趋旺盛的需求，使研究更具有代表性。

一、城市群

（一）城市群的概念

城市群的概念最早出现在 Howard 的《明日田园城市》一书中，他在此书中提出"城市组群"，即从城市联合的视角构建社会城市模型，为城市群的发展奠定了基础（1902）。Gottmann（1957）在"城市组群"的基础上，提出"大都市带"的概念，即一个城市在发展过程中会带动周围城市的发展，而这些规模相当的城市组成城市群，最终多个城市群形成"大都市带"，形成现代意义上的城市群概念。Gottmann"大都市带"的思想吸引了全球的学者参与到有关城市群的研究中，国内的相关研究最早由丁洪俊和宁越敏（1983）开展，两人在《城市地理概论》一书中引入"大都市带"概念并翻译为"巨大都市带"，自此越来越多的国内学者开始研究城市群这一概念。由于研究初期学者的概念认定不统一，类似"都市连绵区"等相关概念不断涌现，这些概念为"城市群"的发展提供了有利条件，下文将对这些概念进行系统阐述。周一星（1991）根据我国城市特征和人口分布特点，提出"都市连绵区"的理论，即以一个或多个大城市为核心，沿一条或多条交通走廊连绵分布而形成的巨型城乡一体化区域。

在国内学者对城市群没有统一定义的情况下，各学者在前人研究的基础上阐述自己的观点，推动了城市群概念的完善和发展。顾朝林（1995）将城市群界定为一个有机的网络，在几个中央城市之间建立密切联系，并实现社会、经济和技术融合，这些城市在基础设施和结构方面具有特殊的经济结构、地理定位和特殊的社会功能。陈凡和胡涓（1997）认为，城市群是一个综合、相互依存和相互制约的城市网络，由各种大小不一、规模不同的城市组成，且依靠特定地区的交通网络。姚士谋等（2006）在《中国城市群》一书中陈述了"城市群"的界定，在一定的自然环境与地域范围的某些条件下，大量不同种类、性质、等级和规模的城市，以 1 个以上面积较广的城市为经济中心，通过交通运输工具的现代化发展和建立高度发达的大型综合信息网络，以及城市与行业、产业综合发展之间的内在联系，构成了一个相对广泛且全面的城市集合体。在之后的研究中，姚士谋等（2006）更全面地介绍了"城市群"的理论，使人们更加重视城市群之间相互发展的关系。马燕坤和肖金成（2020）提出，要从中心城市、辐射核个数、经济社会联系、空间范围四个方面综合定义城市群，即在特定的区域空间范围内，密集分布着数量可观的不同性质、类型、规模的城市。其核心为超大城市、特大城市或两个及以上辐射带动功能强的大城市，区域内拥有发达的交通、通信等现代化基础设施网络，为城市间功能互补、分工协作提供支持，使其在空间内广泛联系，最终在整体上表现为较高一体化水平的城市集群。

综上所述，城市群的概念由"大都市带""都市连绵区"等逐渐发展演变，其概念界定日趋成熟与完善。本章将城市群界定为：内部包含多个城市个体，通常等级规模差距较大，有一个或两个发展较快的超大城市作为其中心纽带，不断聚集其他城市的要素进行整合，同时生成新的资源辐射扩散到周边城市带动周边城市的发展，形成整片地区的一体化共同发展，可以在政治、经济、社会等方面的发展上产生巨大集聚效益的城市联合体。

（二）京津冀城市群的界定

2015 年 4 月 30 日，中共中央政治局召开会议，审议通过《京津冀协同发展规划纲要》，提出京津冀城市群规划范围包括北京、天津 2 个直辖市以及河北省的 11 个地级市，在空间上形成"一核、双城、三轴、四区、多节点"的网络型空间格局。其中，"一核"指北京；"双城"指北京和天津同城化发展，发挥高端引领和辐射带动作用；"三轴"指京津、京保石和京唐秦 3 个产业发展带和城镇聚焦轴；"四区"指中部核心功能区、东部滨海发展区、南部功能拓展区和西北部生态涵养区；"多节点"包括石家庄、唐山、保定、邯郸等区域性中心城市和张家口、承德、廊坊、秦皇岛、沧州、邢台、衡水等节点城市。

本书通过梳理相关城市群研究文献及国家关于城市群培育建设的政策文件，发现目前学术界及政府提及的城市群主要包括以下 19 个：京津冀城市群、长三角城市群、珠三角城市群、山东半岛城市群、辽宁中部城市群、长江中游城市群、中原城市群、成渝城市群、关中平原城市群、海峡西岸城市群、哈长城市群、辽中南城市群、呼包鄂榆城市群、宁夏沿黄城市群、兰西城市群、山西中部城市群、黔中城市群、滇中城市群、北部湾城市群。这些城市群中，大部分城市群尚处于发展初级阶段，相关研究成果并不多，而且严格意义上并不完全满足"城市群"的概念。根据《京津冀协同发展规则纲要》，2018 年末京津冀城市群地域面积 21.6 万平方千米，占全国的 2.25%；常住人口 1.1 亿人，占全国的 8.1%；地区生产总值 8.5 万亿元，占全国的 9.4%，是中国北方经济规模最大、最具活力的地区，也是中国参与全球分工和竞争的三大增长极之一。京津冀城市群由首都经济圈发展而来，三个省市在地理上相互连接、相邻，海岸线 700 多千米且拥有良好的交通运输条件，拥有天津港、秦皇岛港、唐山港、黄骅港四大港口，优越的地理优势、便利的交通运输网络、发达的科技创新技术为物流产业的发展提供了天时、地利、人和的优势，物流产业也将成为京津冀城市群带动经济和城市发展的增长核心。

二、城市群冷链物流网络现状分析

（一）模式分析

在分析冷链物流网络模式之前，需要对物流网络的含义有一个清晰的认识。我国国家标准 GB/T 18354—2021《物流术语》给出的物流网络的定义是：通过交通运输线路连接分布在一定区域的不同物流节点所形成的系统。通俗地讲，物流网络是由若干个节点及其节点之间相连的线路组成的，是点线交织形成的网状结构。在此基础上，可以从网络构成要素、网络结构和运作模式等方面对冷链物流网络模式进行全面分析。

1. 网络构成要素

冷链物流网络构成要素包括冷链物流节点和冷链物流配送路线。其中，冷链物流节点是指冷链物流网络中的基础专业设施和功能设施，结合供应链的基本流程，冷链物流网络节点类型可大致分为冷链物流基地、冷链物流中心、需求点以及服务和加工企业等。冷链物流网络中的另一大要素是冷链物流配送路线，是指网络中连接各个节点的路线，是冷链产品的运输路径，按照节点分布方式的不同，可以将运输路线分成供应配送路线和需求配送路线。

2. 网络结构

徐杰和鞠颂东（2005）认为物流网络是适应物流系统化和社会化的要求发展起来的，是组织网络、基础设施网络和信息网络的有机结合；龚树生和梁怀兰（2006）按照服务范围的大小将冷链物流网络分为三种，即单个经济体的、区域内的和跨区域的冷链物流网络，这三种规模的冷链物流网络各有其特色和适用范围。不同类型的冷链物流网络模式不仅促进了冷链产业的上、中、下游企业资源共享，而且有利于该产业链上各个环节的优势互补，为冷链产品高效运输提供了有效的保障。

目前学术研究中冷链物流网络主要存在三种结构，即两层节点网络结构、三层节点网络结构和四层节点网络结构。其中，最常见的是三层节点网络结构，是指供应商将冷链产品大批量地运输到冷链配送中心，再将产品小批量地分别配送到各消费网点。陈建华等（2019）提出基于冷链物流网络的"集配"功能，不仅能有效增强供应链系统运作的稳定可靠性，还可以资源共享实现合并运输、减少空载，降低物流运作成本；吕海峰等（2004）认为提高整个物流系统运行水平的关键在于科学设计冷链物流网络空间布局，这样才能降低流通成本，提高流通效率。

3. 运作模式

根据运作模式的不同，冷链物流网络可分为以下几种：以生产加工企业为主导的自营冷链物流模式、以大型连锁企业为主导的自营冷链物流模式、依靠大型冷冻批发市场的冷链物流模式、第三方冷链物流模式以及国家骨干冷链物流基地等。

（1）以生产加工型企业为主导的自营冷链物流模式。这种模式通常是已具有自营物流能力的生产加工企业为了全程跟踪冷链物流信息，缩短消费者信息的反馈时间，对市场需求的变化及时做出准确反应，从而在销售端建立多家末端销售网点，实现产供销一体化的运作模式。例如光明乳业旗下的上海领鲜物流有限公司，通过在全国5大区域设立65座综合物流中心，为2000多个经销商和80万个有效销售网点提供仓储配送服务。但是由于生产加工型企业的资金有限，而冷链物流配送网络的构建需要占用较多流动资金，并且冷链设施设备相对于专业的物流企业较为落后，导致冷链产品易发生变质，因此适用范围较窄，物流辐射半径特别是配送半径相对较小。

（2）以大型连锁企业为主导的自营冷链物流模式。这种模式是零售商向冷链供应链上游延伸，零售商为了稳定的货源和生产商建立了合作关系，为了高效率高品质自营冷链物流，形成一种小批量、多批次、多品质的冷链物流运作模式。例如上海联华超市成立的上海联华生鲜食品加工配送中心有限公司，为其下属的联华超市进行冷链物流配送。这样一种运作模式对于控制店铺超市的存货、保证冷链产品的新鲜有着非常明显的优势。

（3）依靠大型冷冻批发市场的冷链物流模式。这种模式一般是冷链物流企业和大型批发市场达成合作关系，使得冷链产品从生产到消费者手中的采购、加工、运输、储存等过程一体化。该模式的代表企业有武汉白沙洲冷链食品公司，该公司与农产品大市场达成合作建成冷冻食品、干鲜、板栗、海鲜四大专业市场。这种模式下冷链物流企业一般都靠近批发市场，能很好地发挥区位优势，提高冷链物流的效率。

（4）第三方冷链物流模式。这种模式一般是生产商、经销商和零售商将冷链物流外包给第三方冷链物流公司的运作模式，这样使得生产商、经销商和零售商能够专注于自己的核心业务，也能够获得第三方冷链物流专业化的服务，提高冷链物流的效率。该模式的代表企业有顺丰冷运，依托顺丰强大的运输网络、领先的仓储服务、专业的温控技术、先进的管理系统，为生鲜食品行业客户提供专业、安全、定制、高效的冷链物流运输服务。但是这种模式对于第三方冷链物流公司有着很高的要求，由于冷链物流的投入资本量大、回收期长、政策标准化没有统一的标准，因而我国第三方冷链物流公司门槛较高。

（5）国家骨干冷链物流基地。根据《"十四五"现代物流发展规划》，到2025年，面向农产品优势产区、重要集散地和主销区，依托存量冷链物流基础设施群布局建设100个左右国家骨干冷链物流基地，整合集聚冷链物流市场供需、存量设施以及农产品流通、生产加工等上下游产业资源，提高冷链物流规模化、集约化、组织化、网络化水平。为了更高效地满足冷链产品长时间保存，仍需要考虑冷链产品的运输和储存问题，并且因为其承载的特殊战略性，选址时需要考虑的因素较其他模式会更多、更复杂。例如天津滨海新区中心渔港国家骨干冷链物流基地，依托中心渔港区位优势及冷链产业存量资源，以冷链物流为基础，将智慧冷链、绿色冷链与生态城观光、餐饮产业融通融合，构建多功能、多场景一体化的冷链产业生态集群。

在北京市非首都功能逐步疏解的背景下，京津冀城市群冷链物流配送网络将面临优化改建等问题，因此无论是哪种冷链物流运作模式，都涉及冷链物流配送网络的选址—路径—库存问题的优化。

（二）流程分析

1. 冷链物流网络的特点

由于冷链产品具有易腐的性质，它的品质和质量往往会受保存环境的温度、湿度、含氧量等因素的影响。如果在冷链产品运输或储存过程中操作不当或无法满足冷链产品保存时所必需的低温环境，必然会加快冷链产品的腐烂变质速度，影响产品新鲜程度。因此，冷链产品的多样性及多层次性决定了冷链物流网络具有不同于一般物流的特点。它的主要特点包括：

（1）温度控制严格。冷链产品变质现象的出现主要因为保存环境温度的不适宜或者频繁波动，其不仅包括因微生物、呼吸作用、化学反应、物理作用等引起的腐烂变质，还包括因温度变化引起的产品酶活性降低而造成的产品营养价值的流失和产品口感变化等。

（2）运营管理复杂。由于冷链物流的正常运营涉及制冷技术、温度控制技术、质量检测、解冻技术、追溯技术、运输及信息化技术等，这些因素提高了冷链企业运营管理的复杂性。

（3）运输时效性强。伴随着消费升级，消费者不仅以满足需求为目的，更加注重消费的便捷性和生鲜食品的品质。易腐性是冷链产品的一大特点，随着存储时间的延长，冷链产品的品质会快速下降，甚至腐烂变质。冷链产品对配送的温度、湿度有较高的要求，需要快速分拣包装，合理安排配送路径，以保证冷链产品的新鲜度。

（4）高成本性。建设冷链物流配送网络的成本主要包括选址成本、库存成本、运输成本等。由于北京市地理位置的独特性和特殊性，其选址成本和其他城市相比都较为高昂，再加上冷藏设备的运行与维护成本，占用企业大量的资金，库存成本也因需求网点数量增加而快速增加，对于相关企业而言，高额的投入成本也增加了经营风险，同时由于冷链产品的特殊性，货损率相对较高，也会增加一定的运输成本。

2. 冷链物流网络的流程

正是因为以上几个特点使得冷链物流网络的流程与一般物流网络的流程有所区别，其具体流程由采购原材料、低温储藏、冷藏运输及配送、低温销售环节构成，如图5-4所示。

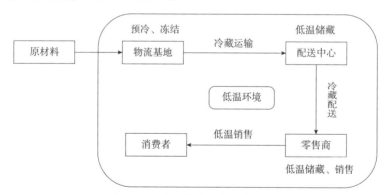

图5-4　冷链物流网络具体流程

（1）采购原材料。采购原材料是冷链物流中的初始环节，包括获得初始产品和预冷处理。预冷处理是指对获取的初始产品进行低温处理，使肉类、蛋类、果蔬类等原材料温度迅速降低，这样可以保证在最短时间内冷却、冻结冷链产品，从而抑制冷链产品在常温环境下的腐烂变质，保证冷链产品的质量，延长运输和保存时间。

（2）低温储藏。因冷链产品在运输、存储过程中持续进行呼吸作用，为了防止其受到微生物污染，必须通过低温储藏来保证产品质量。但在这一环节，如果温度波动较频繁或波动幅度较大，往往会引起产品腐烂现象加剧，制冷设备寿命缩短，造成较大的损失。为此，需要维持稳定且合适的低温环境以减少冷冻损耗。另外，对于某些特定产品如速冻肉制品、水产品等，为了满足消费者对新鲜度的需求，对低温储藏条件的要求更加严格。

（3）冷藏运输及配送。冷藏运输和配送包括食品的中长途运输及短途配送等物流环节的低温状态。在冷藏运输环节中，由于运输工具种类可能会更换多次，每个交通工具的冷藏环境和保温措施又存在差异，在运输和配送过程中很容易产生较大温度起伏，导致产品品质下降，影响消费者对产品的满意度，因此在运输过程中除要保持低温外，稳定的温度也很重要。

（4）低温销售。低温销售包括各项冷链产品进入批发零售环节的冷冻储藏和销售，主要参与者为北京六环内各类销售网点，比如新发地、农贸市场、连锁超市、社区实体店、宅配或具有自提功能的新零售商店等，主要涉及小冷库、冷柜和冰箱等低温销售设施。

（三）京津冀城市群冷链物流网络问题分析

1. 京津冀地区冷链基础布局不完善，设施供需不平衡

为疏解非首都功能，将物流服务产业外迁，物流仓储设施向首都周边地区转移，同时，随着京津冀协同发展，消费者对冷链产品的需求逐渐增加，而冷库、冷藏车等冷链物流基础设施设备相对较少，无法满足当前市场需求。根据《全国冷链物流企业分布图》的数据，2020年，北京市的冷库容量为2089708吨，冷藏车辆为3835辆；而到2021年，北京市冷链基础设施设备不增反降，冷库容量下降为2089844吨，冷藏车辆降低至3374辆。北京市冷库主要分布在顺义、大兴、丰台等区，面积占比超过70%。天津市2020年冷库容量为1868249吨，2021年冷库容量为1869585吨，同

比增长较缓慢。河北省 2021 年冷库容量为 1660018 吨，冷藏车辆数仅为591 辆。京津冀地区的冷链需求在不断增加，而冷链基础设施设备却无法满足日益增长的冷链需要，因此急需完成冷链物流配送网络的建设和优化。

2. 规划落实推进中，部分项目仍在建设中

京津冀三地商务部门立足京津冀协同发展的国家战略，围绕保障城市功能运转、服务居民日常生活、支撑高精尖经济结构的物流功能定位，着力打造集物流基地、配送中心、末端网点于一体的扁平化冷链物流网络体系。截止到 2021 年 9 月，在北京审批通过的相关项目超过 15 个，重点建设项目就是冷链产品配送中心及大型冷链产品流通中心，具体依托五条进京通道，分布在昌平区、朝阳区、海淀区、通州区和丰台区。根据消费市场的销售情况随时调配，更好地发挥保障作用，形成首都冷链产品供应保障新格局。目前部分项目已完成建设，而更多的还在落实执行中。

3. 配送不及时，且配送成本过高

北京市物流行业的根本出发点就是保障民生需求，为城市提供物流服务使城市运转更顺畅，为消费者提供优质的服务，提高物流行业的产业竞争优势。但是北京市人口密度较高，空间资源、道路交通、能源环境等因素都会在很大程度上制约物流业的发展，会给物流服务带来很多不确定的干扰。例如，在产品末端配送过程中，会出现由于交通拥堵、客户布局分散不集中等导致配送不及时的情况。同时，在北京市这样一个寸土寸金的地方，土地资源紧张，新建冷链设施难以找到合适的土地资源或无法负担高昂的土地费用，因此很多物流企业要么选择外迁导致配送效率下降，要么选择承担高昂购地成本导致配送成本过高。

4. 流通环节多，损耗严重

目前，市场上存在的冷链产品流通模式基本可以解决消费者的"吃菜难"问题，但是对于京津冀地区的消费群体而言，追求的是更高品质的服务，即质量与效率并重。而冷链产品在从产地到消费者的餐桌上往往要经历多个"中间商"。虽然各个城市作为消费群体有各自独立的运作模式，

但其运作模式大同小异，大部分的产品基本都是从产地出发，进入冷链物流基地进行初步加工与储存，经冷链配送中心进行集配，再由农贸市场、菜市场等零售商销售给消费者。多中间商就会出现中间价格差，流通成本增加，最终产品价格自然上涨，整个过程既损害了消费者的利益，同时流通环节的繁多不可避免地造成产品新鲜度降低甚至腐烂变质。其实，冷链产品到达冷链物流基地后距离城市已经较近了，但是要想及时地将冷链产品配送到城市零售商店很难，只因后续烦琐的环节导致时间的延误，降低了配送效率，带来冷链产品质量的损耗。

随着城市功能配置的进一步优化，城市中大型物流基地陆续外迁和自提点等新兴末端网点不断涌现，一定程度上促进了城市群冷链产品流通和消费渠道与模式的创新发展。可以预见，未来市区居民对冷链产品的消费需求将在很大程度上依赖城市群冷链配送网络的构建与优化。基于此，本章选取京津冀城市群作为城市群冷链物流配送网络选址—路径—库存问题优化的研究对象。

第二节
城市群冷链物流配送网络优化问题

一、问题描述

（一）优化目标

1. 推动物流业转型升级，协助建设北京城市功能

对京津冀城市群冷链物流配送网络进行优化，可以有效推动物流存储

设施和冷链物流设施的建设，北京市区内与首都功能相悖的区域性市场和物流基地已经被逐步疏解，这是物流业设施从分散性转向集约性的第一步，同时保留下来的配送中心使用现代化的物流设施和冷链设备，进一步向专业化和科学性靠近。合理布局配送中心的位置，可以为市区内的居民提供更好的配送服务，满足居民对生鲜农产品的需求，提升北京市物流业专业化的发展水平，支撑首都城市建设和谐一流的宜居之都。

2. 提升鲜活农产品流通效率，降低鲜活农产品流通成本

京津冀城市群的建设进一步加深了京津冀三地之间的互联互通，对京津冀城市群冷链物流配送网络进行优化，可以最大限度地实现冷链产品跨区域的产销一体化，生鲜产品因自身特有的易腐性导致其很容易在流通中造成货损，所以要尽可能地减少生鲜产品的流通环节。合理布局配送中心的位置、进行路径规划、实现库存控制不仅可以快速处理来自产地的生鲜产品，也能快速响应消费者的配送需求，有效降低生鲜产品的流通成本。

3. 完善物流配送设施，构建绿色物流体系

《规划》已经明确指出，北京市行政区域内严禁新建各类物流仓储设施，大量物流设施的外迁导致配送中转站成为配送网络中的缺口，对京津冀城市群冷链物流配送网络进行优化，通过新建配送中心或对旧仓储设施进行升级，完善配送中心的布局，补足配送网络中的缺口。同时，使用标准化和绿色化的配送设施，提高不同设施间的物流衔接能力，促进物流业向精细化、绿色化发展。

（二）优化对象

城市冷链物流配送网络优化的目标是通过合理改善生鲜产品的运输及仓储服务，在维持或优化客户服务水平的前提下，减少产品的损耗，防止产品的变质及污染，尽可能地降低运营及管理成本等。其中，设施选址、库存控制及车辆路径是冷链物流网络优化的重要组成部分，但这三者在物流系统中属于不同的决策层次，不同层次的物流要素在优化过程中往往存

在矛盾，如优化城市冷链物流配送网络的布局时，若增加库存能力，则订单响应速度提升，客户满意度也会提高，但不可避免地会造成选址成本的增加。企业在进行选址决策时，选址成本与运输成本的考虑固然重要，但也需要考虑到冷链设施的库存能力，因此在优化配送网点时需要将不同层次的影响因素综合考虑以实现物流配送系统总成本最优、效率最高。同时，随着第三方物流及第四方物流的发展，通过建立专业的冷链物流服务企业，利用信息技术对整个冷链体系进行智能化管理，根据冷链产品的特性提供有针对性的整体解决方案以及其他增值性服务已经成为冷链物流发展的趋势。随着云计算、物联网及大数据在冷链物流业领域的不断应用以及人工智能技术的发展，顾客在商品选择、订单处理、下单、支付、收取货物等环节的技术日益成熟，为构建一体化、集约化、多层次及智能化的冷链物流网络系统提供了机遇及保障。

因此，本章以京津冀城市群冷链物流配送网络中的 CLRIP 多目标优化为例，对城市冷链物流配送网络基本优化问题展开研究。此案例中由提供冷链产品的物流基地、多个备选配送中心和多个末端网点组成。为了方便对冷链物流配送网络进行深入研究，在此对 CLRIP 模型中的空间布局情况进行抽象处理。其中，物流基地供应的冷链产品种类较多，但因冷链产品的储存和运输存在特殊性，使得重量和体积均在一定范围内，因此可抽象为一种产品；末端网点涉及超市、农贸市场、自提点等多种需求网点，具有分布较零散和单一网点需求量较少的特征，为了便于研究，将空间视角中位置相邻的需求网点看作一个客户需求点，从而确保各需求点的需求时间间隔不超过一日。因此，冷链物流三级配送网络抽象化结构如图 5-5 所示。

由于冷链物流配送网络存在冷链产品生产周期和订货提前期问题，供应商在生产、储存冷链产品时无法确定客户实际需求量，只能通过统计分析历史数据的方式对客户需求量进行预估。但是有些历史数据可能存在误差或遗漏，在这里通过模糊随机变量对客户需求做出说明更贴合实际。例如，在生产、储存和运输冷链产品期间，客户需求量可能上升，也可能下降，还可能与预估需求量相近。若客户需求量上升，则超过 7500 单位的可能性为 0.3；若客户需求量与预估需求量接近，则达到 6000 单位的可能性为 0.5；若客户需求量下降，则超过 4500 单位的可能性为 0.2。此时适合

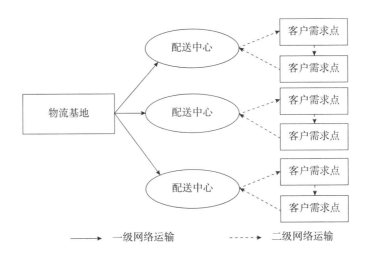

图 5-5　冷链物流三级配送网络抽象化结构

使用模糊随机变量，即设客户需求量为

$$\widetilde{\overline{D}} = \begin{cases} \widetilde{d}_1,\text{市场需求量增加},p_1 = 0.3 \\ \widetilde{d}_2,\text{市场需求量与预测相近},p_2 = 0.5 \\ \widetilde{d}_3,\text{市场需求量减少},p_3 = 0.2 \end{cases}$$

式中：$\widetilde{\overline{D}}$ 为模糊随机需求量（"－"代表随机需求，"~"代表模糊需求）；$\widetilde{d}_1$、$\widetilde{d}_2$ 和 $\widetilde{d}_3$ 为三种情况下的模糊需求。模糊需求通常采用标准三角模糊数表示，如 $\widetilde{d}_f = (\underline{d}_f, d_f, \overline{d}_f), f = 1, 2, 3$，表示第 f 种市场情形下的客户模糊需求，$\widetilde{d}_f$ 的隶属函数为

$$u(x_f) = \begin{cases} L(x_f), & \underline{d}_f \leqslant x_f \leqslant d_f \\ R(x_f), & d_f \leqslant x_f \leqslant \overline{d}_f \\ 0, & \text{其他} \end{cases}$$

式中：$\underline{d}_f$，d_f，$\overline{d}_f$ 均为实数，$L(x_f) = \dfrac{x_f - \underline{d}_f}{d_f - \underline{d}_f}$ 为向左函数，$R(x_f) = \dfrac{\overline{d}_f - x_f}{\overline{d}_f - d_f}$ 为向右函数。三角模糊数 $\widetilde{d}_f$ 也可由其 α 水平集 $d_f = [d_{f\alpha}^-, d_{f\alpha}^+]$，$\alpha \in [0,1]$ 表示，其中 $d_{f\alpha}^- = \underline{d}_f + \alpha(d_f - \underline{d}_f)$，$d_{f\alpha}^+ = \overline{d}_f - \alpha(\overline{d}_f - d_f)$。模糊数 $\widetilde{d}_f$ 的模糊可能均值为

155

$$\overline{M}(\tilde{d}_f) = [M_*(\tilde{d}_f) + M^*(\tilde{d}_f)]/2 = \int_0^1 \alpha(d_{f\alpha}^- + d_{f\alpha}^+)d\alpha \qquad (5-1)$$

式中：$M_*(\tilde{d}_f)$、$M^*(\tilde{d}_f)$ 分别为 $\tilde{d}_f$ 的最小和最大可能均值。

本章问题之一是从多个备选的冷链物流配送中心中，选择能够满足各需求点需求且选址成本较低的配送中心。问题之二是根据物流基地位置和客户需求量，确定配送中心的最佳订货周期和库存量。由于在冷链物流配送网络中，客户需求具有模糊随机性，配送中心为避免缺货或库存能力不足引起成本过高的问题，需要制定最优订货周期和库存量。问题之三是在配送车辆型号和载重相同的情况下，选择最优巡回路径。因为车辆的载重能力必须满足任意配送路线全部客户需求量，且完成任务后需按巡回路线返回出发点，为减少车辆行驶时间，降低配送成本，所以需要确定车辆向各需求点配送的顺序，形成最优巡回路径。基于此，需要确定配送中心的最佳订货周期、目标库存量、最优巡回路线及最优空间布局。

二、基本假设

（1）冷链物流配送中心所配送的冷链产品为单一种类产品。

（2）各备选配送中心的位置已确定，即本章罗列的备选配送中心位置，并且各个备选配送中心在单位时间内的选址成本已确定。

（3）各开放使用的配送中心在每日工作时间内为其客户需求点配送的次数有且仅有一次，且每年工作时间保持 360 天。

（4）每个客户需求点仅配置一组车，由一个配送中心提供冷链配送物流服务。

（5）每条配送路线运载车辆的数量、型号、载重均相同；车辆的载重能力必须满足任意配送路线全部客户需求量，且完成任务后需按巡回路线返回出发点。

（6）各客户点需求独立，需求量遵循模糊随机变量特征。

（7）各配送中心采取（T, S_j）周期性检查库存策略。

三、模型构建

（一）模型参数

I 代表所有客户需求点集合 $I=\{i\}$；J 代表所有备选配送中心集合 $J=\{j\}$；K 代表所有冷藏运输车辆集合 $K=\{k\}$；F_j 代表各备选配送中心 j 的选址成本；C_1 代表冷链产品从物流基地到各个备选配送中心的一级网络的单位量运输成本；C_2 代表各备选配送中心到客户需求点的单位距离成本；C_3 代表每次的订货成本；T 代表订货时间周期；L 代表订货提前期；dis_j 代表配送中心 j 完成配送任务的行驶距离；C_q 代表冷藏车辆的承载能力。$\widetilde{D}_j$ 代表备选配送中心 j 的日模糊随机需求量；$\widetilde{D}_{L+T_j}$，$\widetilde{D}_{L,j}$ 和 $\widetilde{D}_{T,j}$ 分别代表备选配送中心 j 提供配送服务的客户需求点在 L+T、L 和 T 时期（单位：天）内的模糊随机需求，其中 $\widetilde{D}_{L+T_j}=\widetilde{D}_j\times(L+T)$，$\widetilde{D}_{L,j}=\widetilde{D}_j\times L$，$\widetilde{D}_{T,j}=\widetilde{D}_j\times T$；$\widetilde{d}_i$ 代表客户需求点 i 的日模糊随机需求；S_j 代表备选配送中心 j 的目标库存量；η 代表各备选配送中心的年工作时间（单位：天）；C_h 代表单位冷链产品每年的库存持有成本；C_s 代表单位冷链产品的缺货损失。

（二）决策变量

$$X_{ghk}=\begin{cases}1, & \text{当车辆 k 从节点 g 经过节点 h, } g\neq h, g,h=1,2,\cdots n+m, k=1,2,\cdots,I\\0, & \text{否则}\end{cases}$$

$$Y_j=\begin{cases}1, & \text{若配送中心 j 开放, } j=1,2,\cdots,m\\0, & \text{否则}\end{cases}$$

$$Z_{ij}=\begin{cases}1, & \text{若配送中心 j 为客户 i 提供服务, } i=1,2,\cdots,n, j=1,2,\cdots,m\\0, & \text{否则}\end{cases}$$

（三）成本分析

在城市冷链配送网络的 CLRIP 集成中，总成本分别由选址成本 C_L、库存成本 C_I 和运输成本 C_T 三部分组成。

1. 选址成本

选址成本 C_L 为所有提供服务的配送中心每年固定成本费用总和，即

$$C_L = \sum_{j=1}^{m} F_j y_j。$$

2. 库存成本

库存成本 C_I 由订货成本、年库存持有成本和缺货损失成本三部分构成，它们的成本依次如下：

每年订货成本为：$\sum_{j=1}^{m} \dfrac{\eta C_3}{T} y_j$；

每年库存持有成本为：$\sum_{j=1}^{m} C_h \left(S_j - \overline{\overline{D}}_{L,j} - \dfrac{1}{2} \overline{\overline{D}}_{T,j} \right) y_j$；

每年期望缺货损失成本为：$\sum_{j=1}^{m} \dfrac{\eta C_s}{T} \overline{M} \left(\overline{\overline{D}}_{L+T,j} - S_j \right)^{+} y_j$。

因此，年库存成本为：

$$C_I = \sum_{j=1}^{m} \left[\dfrac{\eta C_3}{T} + C_h \left(S_j - \overline{\overline{D}}_{L,j} - \dfrac{1}{2} \overline{\overline{D}}_{T,j} \right) + \dfrac{\eta C_s}{T} \overline{M} \left(\overline{\overline{D}}_{L+T,j} - S_j \right)^{+} \right] y_j。$$

3. 运输成本

从物流基地到客户需求点的运输成本 C_T 由物流基地到配送中心的一级网络运量成本和配送中心到客户需求点的二级网络运输成本构成，其中

一级网络年运输成本为：$\sum_{j=1}^{m} \eta \overline{\overline{D}}_j C_1 y_j$，二级网络年运输成本为：$\sum_{j=1}^{m} \eta \mathrm{dis}_j C_2 y_j$。

因此，年运输成本为：$C_T = \sum_{j=1}^{m} \eta \overline{\overline{D}}_j C_1 y_j + \sum_{j=1}^{m} \eta \mathrm{dis}_j C_2 y_j$。

（四）约束条件

$$\min \overline{\overline{C}}(S,T,x,y)$$

$$=\sum_{j=1}^{m}F_jy_j+\sum_{j=1}^{m}\left\{\frac{\eta C_3}{T}+C_h\left(S_j-\overline{\overline{D}}_{L,j}-\frac{1}{2}\overline{\overline{D}}_{T,j}\right)+\frac{\eta C_s}{T}\overline{M}(\overline{\overline{D}}_{L+T,j}-S_j)^+\right\}y_j+$$

$$\sum_{j=1}^{m}\eta\overline{\overline{D}}_jC_1y_j+\sum_{j=1}^{m}\eta dis_jC_2y_j \tag{5-2}$$

s. t.

$$\sum_{g=1}^{n+m}\sum_{k=1}^{l}x_{ghk}=1,\ h=1,2,\cdots,n \tag{5-3}$$

$$\sum_{g=1}^{n+m}\sum_{i=1}^{n}\overline{\overline{d}}_ix_{gik}\leqslant C_q,\ k=1,2,\cdots,l \tag{5-4}$$

$$\sum_{g=1}^{m}\sum_{h=1}^{m}x_{ghk}\leqslant 1,\ k=1,2,\cdots,l \tag{5-5}$$

$$\sum_{g,h=1}^{n+m}x_{ghk}-\sum_{g,h=1}^{n+m}x_{hgk}=0,\ k=1,2,\cdots,l \tag{5-6}$$

$$y_j\geqslant z_{ij},\ i=1,2,\cdots,n,\ j=1,2,\cdots,m \tag{5-7}$$

$$\overline{\overline{D}}_{L+T,j}-\sum_{i=1}^{n}\overline{\overline{d}}_{L+T,i}z_{ij}=0,\ j=1,2,\cdots,m \tag{5-8}$$

$$x_{ghk}=0 \text{ 或 } 1,\ g\neq h,\ g,h=1,2,\cdots,n+m,\ k=1,2,\cdots,l \tag{5-9}$$

$$y_j=0 \text{ 或 } 1,\ j=1,2,\cdots,m \tag{5-10}$$

$$z_{ij}=0 \text{ 或 } 1,\ i=1,2,\cdots,n,\ j=1,2,\cdots,m \tag{5-11}$$

其中，式（5-2）涉及选址、库存和运输成本，三者共同组成总成本计算函数；式（5-3）限制每个配送中心仅配置一组车进行配送，并保证车辆以配送中心为起点，按照巡回路线为每个客户需求点配送后返回出发点；式（5-4）为约束条件，确保车辆的载重量大于或等于任意配送路线的客户需求量之和；式（5-5）保证每个客户需求点最多由一个配送中心提供冷链物流服务；式（5-6）确保每组车辆能够连续运行，要求车辆到达客户需求点并完成配送后从到达点驶离；式（5-7）为限制条件，使各客户需求点只接受已开放配送中心的配送；式（5-8）确保配送中心点配送的商品量与所负责的客户点需求量相等；式（5-9）~式（5-11）为0-1决策变量。

（五）模糊随机 CLRIP 优化转换为确定模型

在构建的 CLRIP 集成优化模型中，式（5-2）~式（5-11）中都有不确定变量，即模糊随机变量，在解决问题时很难处理，为了方便后期计算，首先要将不确定的问题转换为确定模型，并在这里将公式做简单的分解处理，将式（5-2）中数值确定的变量成本之和记为 A，将含有模糊随机需求的缺货损失成本记为 $\overline{\overline{C}}_1$，剩余的相关成本总和记为 $\overline{\overline{C}}_2$，即

$$A = \sum_{j=1}^{m} F_j y_j + \sum_{j=1}^{m} \eta dis_j C_2 y_j + \sum_{j=1}^{m} \frac{\eta C_3}{T} y_j \tag{5-12}$$

$$\overline{\overline{C}}_1 = \sum_{j=1}^{m} \frac{C_s}{T} \overline{\overline{M}} (\overline{\overline{D}}_{L+T,j} - S_j)^+ y_j \tag{5-13}$$

$$\overline{\overline{C}}_2 = \sum_{j=1}^{m} \left\{ \eta C_1 \overline{\overline{D}}_j + C_h \left(S_j - \overline{\overline{D}}_{L,j} - \frac{1}{2} \overline{\overline{D}}_{T,j} \right) \right\} y_j \tag{5-14}$$

从而，$\overline{\overline{C}}(r,T,x,y) = A + \overline{\overline{C}}_1 + \overline{\overline{C}}_2$。

1. 缺货期望值的确定

在配送中心满足消费需求的过程中，当配送中心 j 在 L+T 时期需求 $\overline{\overline{D}}_{L+T,j}$ 超过了它自身的库存最高水平 S_j，就会出现缺货情况。此时它的模糊随机需求期望值（也称模糊数）$\widetilde{D}_{L+T,j}$ 可记为：

$$E(\overline{\overline{D}}_{L+T,j}) = \widetilde{D}_{L+T,j} = (\underline{D}_{L+T,j}, D_{L+T,j}, \overline{D}_{L+T,j})。$$

此外，由于库存最高水平 S_j 在 $\left[\underline{D}_{L+T,j}, \overline{D}_{L+T,j} \right]$ 的区间范围内，所以在

确定缺货期望值时，需要考虑两种情况（见图5-6、图5-7）。

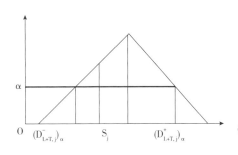

图5-6　情形1（$\underline{D}_{L+T,j} \leq S_j \leq D_{L+T,j}$）　　图5-7　情形2（$D_{L+T,j} \leq S_j \leq \overline{D}_{L+T,j}$）

（1）情形1：当$\underline{D}_{L+T,j} \leq S_j \leq D_{L+T,j}$时，期望缺货量的模糊可能均值为

$$\overline{M}(\widetilde{\overline{D}}_{L+T,j} - S_j)^+ = \int_0^1 \alpha\,(D_{L+T,j}^+)_\alpha\,d\alpha + \int_{L(S_j)}^1 \alpha\,(D_{L+T,j}^-)_\alpha\,d\alpha - S_j\left(1 - \frac{1}{2}L^2(S_j)\right)$$

$$= (L+T)W_j + \frac{1}{6}L^2(S_j)(S_j - (L+T)\underline{D}_j) - S_j \qquad (5-15)$$

其中，$W_j = \sum_{f=1}^F \left[\frac{1}{6}(\underline{D}_{jf} + \overline{D}_{jf}) + \frac{2}{3}D_{jf}\right]p_f$。

（2）情形2：当$D_{L+T,j} \leq S_j \leq \overline{D}_{L+T,j}$时，期望缺货量的模糊可能均值为

$$\overline{M}(\widetilde{\overline{D}}_{L+T,j} - S_j)^+ = \int_0^{R(S_j)} \alpha\,(D_{L+T,j}^+)_\alpha\,d\alpha - \frac{1}{2}S_j R^2(S_j)$$

$$= \frac{1}{6}R^2(S_j)((L+T)\overline{D}_j - S_j) \qquad (5-16)$$

2. 其他成本$\overline{C}_2$的期望值的确定

由于成本$\overline{C}_2$也含有模糊随机变量，其期望也需要转换成确定的函数求成本，可以采用模糊可能均值法。令$E(\overline{C}_2)$表示模糊期望成本函数，模糊可能均值记为$\overline{M}(\widetilde{\overline{C}}_2)$。

由式（5-14），成本$\overline{C}_2$的水平集为

$$C_{2\alpha}^- = \sum_{j=1}^m \left\{ C_h S_j + \left(\eta C_1 - LC_h - \frac{T}{2} C_h \right) D_{j,\alpha}^- \right\} y_j$$

$$C_{2\alpha}^+ = \sum_{j=1}^m \left\{ C_h S_j + \left(\eta C_1 - LC_h - \frac{T}{2} C_h \right) D_{j,\alpha}^+ \right\} y_j$$

因此，模糊期望成本 $E(\bar{\bar{C}}_2)$ 的 α 水平集为

$$E(C_{2\alpha}^-) = \sum_{f=1} \left\{ \sum_{j=1} \left[C_h S_j + \left(\eta C_1 - LC_h - \frac{T}{2} C_h \right) D_{jf,\alpha}^- \right] y_j \right\} p_f$$

$$= \sum_{f=1}^F \left\{ \sum_{j=1}^m \left\{ C_h S_j + \left(\eta C_1 - LC_h - \frac{T}{2} C_h \right) (\underline{D}_{jf} + D_{jf} - \underline{D}_{jf}) \alpha \right\} y_j \right\} p_f$$

$$E(C_{2\alpha}^+) = \sum_{f=1} \left\{ \sum_{j=1} \left[C_h S_j + \left(\eta C_1 - LC_h - \frac{T}{2} C_h \right) D_{jf,\alpha}^+ \right] y_j \right\} p_f$$

$$= \sum_{f=1}^F \left\{ \sum_{j=1}^m \left\{ h S_j + \left(\eta C_1 - LC_h - \frac{T}{2} C_h \right) (\bar{D}_{jf} - \bar{D}_{jf} - D_{jf}) \alpha \right\} y_j \right\} p_f$$

利用式（5-1），成本 $\bar{\bar{C}}_2$ 的模糊可能性均值为

$$\bar{M}(\bar{\bar{C}}_2) = \sum_{j=1}^m \left\{ C_h S_j + \left(\eta C_1 - LC_h - \frac{T}{2} C_h \right) W_j \right\} y_j \tag{5-17}$$

3. CLRIP 模型目标函数的确定性形式

（1）情形 1：当 $\underline{D}_{L+T,j} \leqslant S_j \leqslant D_{L+T,j}$ 时，目标函数式（5-2）的确定性形式为

$$M(S,T,x,y) = A + \frac{\eta C_s}{T} \sum_{j=1}^m \left\{ (L+T) W_j + \frac{1}{6} L^2(S_j) \cdot (S_j - (L+T) \underline{D}_j) - S_j \right\} y_j +$$

$$\sum_{j=1}^m \left\{ C_h S_j + \left(\eta C_1 - LC_h - \frac{T}{2} C_h \right) W_j \right\} y_j \tag{5-18}$$

（2）情形 2：当 $D_{L+T,j} \leqslant S_j \leqslant \bar{D}_{L+T,j}$ 时，目标函数式（5-2）的确定性形式为

$$M(S,T,x,y) = A + \frac{\eta C_s}{T} \sum_{j=1}^{m} \left\{ \frac{1}{6} R^2(S_j) \cdot ((L+T)\overline{D}_j - S_j) \right\} y_j +$$

$$\sum_{j=1}^{m} \left\{ C_h S_j + \left(\eta C_1 - LC_h - \frac{T}{2} C_h \right) W_j \right\} y_j \qquad (5-19)$$

4. 将带有模糊随机变量的约束条件转换为确定形式

由于约束式（5-4）、约束式（5-8）中存在模糊随机变量，故也需转换为确定的等价形式。上述约束中的模糊随机变量可采用模糊随机期望转换为确定的等价形式。式（5-4）的确定等价形式为

$$\sum_{g=1}^{n+m} \sum_{i=1}^{n} \sum_{f=1}^{F} \frac{1}{4} (\underline{d}_{if} + 2d_{if} + \overline{d}_{if}) p_f x_{gik} \leq C_q, \quad k=1,2,\cdots,l \qquad (5-20)$$

式（5-8）的确定等价形式为

$$\sum_{f=1}^{F} \frac{1}{4} (\underline{D}_{L+T,if} + 2D_{L+T,if}) p_f - \sum_{i=1}^{n} \sum_{f=1}^{F} \frac{1}{4} (\underline{d}_{L+T,if} + 2d_{L+T,if} + \overline{d}_{L+T,if}) p_f z_{ij} = 0,$$

$$j=1,2,\cdots,m \qquad (5-21)$$

四、求解方式

本章提出的 CLRIP 集成优化问题利用优化理论和基于禁忌搜索的两阶段混合启发式算法进行求解。由于 CLRIP 优化模型转换为确定形式后，模糊期望成本的模糊可能均值函数中含有 S_j、T、x 和 y 共 4 个决策变量，故求解总成本最优值前先确定 S_j 和 T 的最优值，然后再求出 x 和 y 的最优值。

（一）确定 S_j 和 T 的最优值

在上文描述的两种情形下，由式（5-18）、式（5-19）分别求出 S_j 和

T 的最优值:

(1) 情形 1: 当 $\underline{D}_{L+T,j} \leqslant S_j \leqslant D_{L+T,j}$ 时,$\dfrac{\partial^2 \overline{M}}{\partial S_j^2} \geqslant 0$ 目标函数 $\overline{M}$ 关于 S_j 有极小值,令 $\dfrac{\partial \overline{M}}{\partial S_j} = \left[C_h - \dfrac{\eta C_s}{T} \left(1 - \dfrac{1}{2} L^2(S_j) \right) \right] y_j = 0$,则有 $L^2(S_j) = 2\left(1 - \dfrac{TC_h}{\eta C_s} \right)$。因为 $L(S_j) = \dfrac{S_j - \underline{D}_{L+T,j}}{D_{L+T,j} - \underline{D}_{L+T,j}}$,$0 \leqslant L^2(S_j) \leqslant 1$,所以 $\eta C_s/(2C_h) \leqslant T \leqslant \eta C_s/C_h$,且有

$$S_j^* = (L+T^*)(D_j - \underline{D}_j) \sqrt{2\left(1 - \dfrac{T^* C_h}{\eta C_s} \right)} + (L+T^*)\underline{D}_j \qquad (5-22)$$

(2) 情形 2: 当 $D_{L+T,j} \leqslant S_j \leqslant \overline{D}_{L+T,j}$ 时,$\dfrac{\partial^2 \overline{M}}{\partial r_j^2} \geqslant 0$ 目标函数 $\overline{M}$ 关于 S_j 有极小值,令 $\dfrac{\partial \overline{M}}{\partial S_j} = \left[C_h - \dfrac{\eta C_s}{2T} R^2(S_j) \right] y_j = 0$,则有 $R^2(S_j) = 2TC_h/(\eta C_s)$。因为 $R(S_j) = \dfrac{\overline{D}_{L+T,j} - S_j}{\overline{D}_{L+T,j} - D_{L+T,j}}$,$0 \leqslant R^2(S_j) \leqslant 1$,所以 $0 \leqslant T \leqslant \eta C_s/(2C_h)$,且有

$$S_j^* = (L+T^*)\overline{D}_j - (L+T^*)(\overline{D}_j - D_j) \sqrt{\dfrac{2T^* C_h}{\eta C_s}} \qquad (5-23)$$

在以上两种情形下,采用枚举法,将 T 在其取值范围内依次代入式 (5-22)、式 (5-23),找出最优解 T^* 和 S_j^*。

(二) 基于禁忌搜索的两阶段混合启发式算法求解 x 和 y

由于禁忌搜索算法 (TS) 是一种保留记忆的具有随机快速搜索的特性,但其是向特定方向搜索,初始值影响优化求得的最优解的质量,本章根据枚举法算出的最优库存量、订货周期代入 CLRIP 模型后再采用启发算法计算模型的初始解,提高初始解的质量。然后,利用禁忌搜索算法对初始解进一步改进,最后搜索最优解。此次启发式算法的计算过程主要分成两个步骤:第一步是根据优化过程与约束条件得出最优库存水平与订货周

期，并进行随机匹配客户和配送中心，车辆群与配送中心匹配，得到初始解；随机将客户分配给各配送中心和车辆，取得初始解。第二步是优化改进初始解，运用禁忌搜索算法，改进选址分配，并在此优化基础上继续改进库存—路径。通过两阶段的持续改进，不断优化选址—路径—库存决策，直到满足终止条件为止。最后，按照情形 1 和情形 2 分别求出最优解，两相比较确定最终结果。本章参照图 2-13 禁忌搜索算法进行求解。

第一步，求解初始解。

（1）令 b=1，k=1，C_q = 车辆群的承载能力；count = 0，V_k = φ。将所有的客户需求点放入集合 I，所有备选配送中心放入集合 J。

（2）从集合 I 中随机选取一个客户需求点 s。

（3）判断客户需求点 s 的需求量与 V_k 线路中所有客户需求总和是否小于等于 C_q？是，转（4）；否，令 k=k+1，转（4）。

（4）将客户需求点 s 放入路径 V_k 中，从 I 中剔除客户 s，判断 I 此时是否为空？是，转（5）；否，转（2）。

（5）从 J 中随机选择一个备选配送中心，放入运输路线 V_b 中，从 J 中剔除该配送中心；令 b=b+1。

（6）判断 b>k？是，转（7）；否，转（5）。

（7）计算总成本 C，令初始成本值 C 和 V_b 为当前最优解，即 $x^* = x^0$，$C(x^*) = C(x^0)$。

第二步，改进初始解。

选址—路径分配的改进。

（8）在选址—路径分配改进阶段，随机在第一步开放的 k 个配送中心匹配 k 条配送线路，并将原有客户需求点随机地分配给这 k 条配送路线。

（9）判断目前的新方案各个路线上的需求量是否有超过车辆群承载力 C_q？是，转（8）；否，转（10）。

（10）判断候选操作是否在禁忌表中？是，转（11）；否，转（12）。

（11）判断是否解禁（禁忌长度设为7）？是，转（12）；否，转（8）。

（12）判断 $C(x^1) \leq C(x^*)$：

①更新 $x^* = x^1$，$C(x^*) = C(x^1)$。

②更新 $x^0 = x^1$，$C(x^0) = C(x^1)$。

③更新禁忌表。

④转（13）。

否则：

（a）令 no _ improving _DC = no_improving_DC+1；

（b）更新 $x^0 = x^1$，$C(x^0) = C(x^1)$；

（c）在选址—路径分配改进阶段更新禁忌表；

（d）转（13）。

（13）判断在选址—路径分配阶段，no _improving _DC 的操作数量<
max _DC(=150)？是，转（8）；否，转（14）。

路径—库存阶段的改进。

候选操作：

操作1：随机选择两条配送路径 V_i 和 V_j，从 V_i 中随机选择一个客户
需求点c_1，从 V_j 中找到两个距离c_1 最近的客户需求点c_2、c_3，将c_1 放入 V_j
中，配送顺序为$c_2 \to c_1 \to c_3$，从 V_i 中删去c_1。

操作2：随机选择两条路径 V_i 和 V_j，从 V_i 中随机选择一个客户需求
点c_1，从 V_j 中选择距离c_1 最近的客户需求点c_2，交换c_1 和c_2。

操作3：随机选择一条路径 V_i，从 V_i 中随机选择一个客户需求点c_1，
将其放入一条新产生的路径 V_j 中，从 V_i 中删去c_1。

（14）从上述3个操作中随机产生一个操作（从 $x^0 \to x^1$）。

（15）判断 V_i 和 V_j 中各自的客户需求点的需求总量是否小于等于车辆
承载力 C_q？是，转（16）；否，转（14）。

（16）判断是否解禁（禁忌长度设为7）？是，转（17）；否，转
（14）。

（17）判断 $C(x^1) \leqslant C(x^*)$。

①更新 $x^* = x^1$，$C(x^*) = C(x^1)$。

②更新 $x^0 = x^1$，$C(x^0) = C(x^1)$。

③更新禁忌表。

④转（18）。

否则：

（a）令 no _improving _routing＝no_improving_routing+1；

（b）更新 $x^0＝x^1, C(x^0)＝C(x^1)$；

（c）在选址—路径分配改进阶段更新禁忌表；

（d）转（18）。

（18）判断在路径—库存阶段未改进的操作数量，No _improving _routing＜max _routing(＝2000)？是，转（14）；否，转（19）。

（19）判断是否 count＝max _count(＝5)？是，终止；否，count＝ count+1，转（8）。

第三节
京津冀城市群冷链物流配送网络优化

一、选择对象

本章将北京市 39 个大型商圈作为京津冀城市群的客户需求点代表，将现有的 6 个冷链配送中心和拟建的 4 个冷链配送中心作为备选配送中心，在满足约束条件的情况下，以各类参数为基础，以成本可控为条件，以优化布局为目标，为京津冀城市群冷链物流配送网络选址—路径—库存问题提供实用可靠的优化方案。由于物流基地作为三级物流供应链系统的起点，是为配送中心的库存配货，对于配送的时效性要求不高，因此本章在构建冷链物流三级配送网络模型时，为满足冷链产品供应过程中存在的时间和产量不确定性，在京津冀城市群范围内随机选取了天津市武清区北部的天津武清蔬菜批发市场作为冷链物流配送网络中的物流基地。

（一）确定客户需求点

为研究京津冀城市群中居民对冷链产品的消费需求，本章对赢商大数据城市商业地图的城市商圈数据进行了初步审查、综合考核、筛选对比、整理归纳，选取北京市 39 个大型商圈作为客户需求点代表，分别是：王府井、西单、崇文门、三里屯、CBD、中关村、东直门、五棵松、金融街、朝青、西直门、望京、鲁谷、西红门、常营、北苑、新国展、建国门、燕莎、亚奥、马连道、公主坟、木樨园、太阳宫、丽泽、双井、天通苑、回龙观、朝外、万柳、通州、房山、枣园、亦庄、清河中路、北三环西路、丰台、长阳、槐房。为了有效求解目标模型，此研究依据商圈常住人口数量和地理条件对上述 39 个商圈进行聚类分析，通过整理归纳将这些商圈重新划分为 15 个新商圈，并将其标记为此冷链物流配送网络的客户需求点，最后利用重心法求出客户需求点坐标，这些客户需求点的坐标及每日需求量如表 5-1 所示。

表 5-1　15 个客户需求点的坐标及每日需求量　　　　单位：吨

客户需求点 I	坐标	$\tilde{d}_{i1}$	$\tilde{d}_{i2}$	$\tilde{d}_{i3}$
1	(9, 31)	369	386	381
2	(16, 26)	234	247	229
3	(12, 24)	355	368	349
4	(11, 38)	213	221	208
5	(5, 6)	201	216	211
6	(13, 28)	440	449	445
7	(13, 23)	239	249	244
8	(8, 24)	297	301	300
9	(14, 24)	228	236	235
10	(10, 9)	202	219	209
11	(13, 42)	321	324	323
12	(19, 25)	228	237	226
13	(11, 20)	344	349	340
14	(12, 13)	318	324	314
15	(13, 33)	403	413	406

（二）确定备选配送中心

本章在确定备选配送中心的过程中，一是将北京市现有的冷链物流配送中心作为备选配送中心，即万子营冷链物流配送中心、通州马驹桥物流基地、土桥村冷链物流配送中心、中关村南大街物流配送中心、永泰庄冷链物流配送中心、北京新发地农产品城市配送中心 6 个备选配送中心。二是结合《规划》中提到的新增物流配送中心区域并充分考虑了选址成本因素，在房山区、丰台区、昌平区、朝阳区 4 个地区分别找出支持冷链物流配送中心建设的位置，并将其作为拟建配送中心。因为拟建配送中心在选址和建设过程中存在一定模糊性，但在一定区域内的选址成本和具体位置差异较小，所以假定这 4 个拟建配送中心位置固定。这 10 个备选配送中心的坐标及选址成本如表5-2所示。

表 5-2　10 个备选配送中心的坐标及选址成本　　　　单位：元

备选配送中心点 j	坐标	选址成本 F_j
1	（18，17）	44790000
2	（17，6）	20760000
3	（21，19）	15400000
4	（10，29）	62940000
5	（9，28）	53260000
6	（10，12）	19810000
7	（4，5）	959000
8	（9，9）	16720000
9	（8，47）	4700000
10	（14，40）	1532000

169

二、原始数据分析

冷链产品从物流基地到各个备选配送中心的一级网络的过程中，需要使用冷运专车进行运输；由于客户需求点的分散性，各备选配送中心到客户需求点的运输过程需要冷运到家的同城配送模式。根据顺丰速运官网的冷链运输收费标准明细，设冷链产品从物流基地到各个备选配送中心的一级网络的单位量运输成本 $C_1 = 3$，代表各备选配送中心到客户需求点的单位距离成本 $C_2 = 4$，每次的订货成本 $C_3 = 800$；由于冷链产品易腐、季节性强等特点，设订货提前期 $L = 10$ 天；中物联冷链委发布的 2021 年全国冷藏车占比情况显示，我国冷藏车市场以轻型车为主，设冷藏车辆承载能力 $C_q = 600$；根据王淑云等著的《冷链库存优化与定价研究》一书中的冷链产品成本分析，经换算后，设单位冷链产品每年的库存持有成本 $C_h = 1$，单位冷链产品的缺货损失 $C_s = 4$，$\eta = 360$ 天。

在表 5-2 中，1、2、3、4、5、6 分别代表万子营冷链物流配送中心、通州马驹桥物流基地、土桥村冷链物流配送中心、中关村南大街物流配送中心、永泰庄冷链物流配送中心、北京新发地农产品城市配送中心北京市六环内现有的冷链物流配送中心；其余 j 点代表拟建配送中心，i 代表客户需求点，$\tilde{d}_{if}(f = 1, 2, 3)$ 的概率分别是 $p_1 = 0.3$，$p_2 = 0.5$，$p_3 = 0.2$。

由于物流基地的位置离客户需求点和配送中心较远，如果将物流基地加入冷链物流配送网络布局图中会影响图像的观测程度，为便于模型求解和布局观察，本章在绘制京津冀城市群冷链物流配送网络布局图时将天津武清蔬菜批发市场的地点位置隐藏，在算法中仍然使用该物流基地的位置数据。基于此，将选定的京津冀城市群中的 15 个客户需求点、10 个备选配送中心的位置按照坐标进行编辑及绘图，得到客户需求点和备选配送中心布局（见图 5-8）。

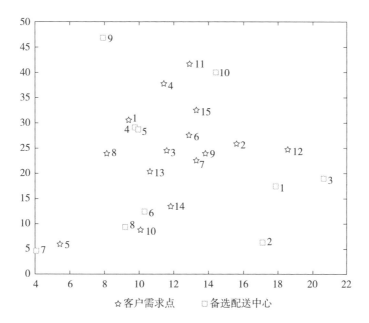

图 5-8　客户需求点和备选配送中心布局

三、验证算法有效性

本章以禁忌搜索算法为基础，运用 MATLAB 2016a 对其进行开发。禁忌搜索算法的初始解函数值对最优解函数值影响较显著，因此先生成 8 个存在差异的初始解，再利用禁忌搜索算法对优化后的数据进行处理，最后得到最优解。这 8 组数据函数值及偏差如表 5-3 所示。

为验证使用模糊随机变量描述客户需求的有效性，建立对照组进行对照实验，将优化前方案中客户模糊随机需求量改为固定值，使用表 5-1 各需求点 $\tilde{d}_{i2}$ 中的数据表示，其他相关参数和运算步骤均保持不变，生成的 8 组数据函数值及偏差如表 5-4 所示。

表5-3　使用模糊随机变量算法的目标函数值及偏差

序号	初始解目标函数值（元）	最优解目标函数值（元）	偏差（%）
1	110278924	85262874	22.68
2	108300664	85272019	21.26
3	107429473	85273688	20.62
4	108656406	85262190	21.53
5	107639499	85265966	20.79
6	107957605	85269985	21.02
7	106677441	85731932	19.63
8	107847850	85268431	20.94

表5-4　对照组的目标函数值及偏差

序号	初始解目标函数值（元）	最优解目标函数值（元）	偏差（%）
1	119875844	89576723	25.28
2	117794143	90723813	18.11
3	104542785	89295841	14.58
4	115716861	90257190	21.32
5	121381617	87791225	18.24
6	116531519	94416576	12.20
7	111297472	89612264	15.70
8	108276937	85871739	19.95

　　由表5-3可知，使用模糊随机变量的8组最优解数据中最大值为85731932元，最小值为85262190元，且8组数据中最优解与初始解的偏差范围为19.63%~22.68%，范围两端的相对偏差为3.05%。由表5-4可知，使用固定需求量的最优解中，最大值为94416576元，最小值为85871739元，且对照组中最优解与初始解的偏差范围为12.20%~25.28%，范围两端的相对偏差为13.08%。由此可见，使用模糊随机变量的实验数据中，最优解目标函数值和偏差稳定度均优于使用固定需求量的对照组数

据，证明本章利用具有模糊随机变量的 CLRIP 模型和禁忌搜索算法对京津冀城市群冷链物流配送网络选址—路径—库存问题的优化是有效且准确的。

四、确定优化方案

由表5-3可知，该问题最佳优化方案的成本函数值为85262190元。在最佳优化方案中，开放的配送中心位置、配送路径及各项成本如表5-5所示。

表5-5　CLRIP 模型最优解方案

最优成本（元）		开放的配送中心	路径	T(d)	$S_j(t)$
选址成本	39871000	2	9→3	7	250
		3	12→2	7	199
库存成本	31272337	6	8→6	7	312
		7	5→10→14	7	314
运输成本	14118853	8	13→7	7	248
		9	15→1	7	331
		10	4→11	7	226
总成本（元）		85262190			

由表5-5可知，在最优解的各成本组成中，选址成本为39871000元，对总成本影响最大，这是因为北京市常住人口和流通人口基数较大且地理位置具有特殊性，选址成本受大趋势影响较稳定，因此当配送中心位置固定时，无法对该成本进行进一步缩减。库存成本次之，是因为在冷链物流配送网络中，所涉及的产品往往具有易腐、保质期短等特点，对库存条件有更加严格的要求，而且冷链物流中的冷链产品存在生产周期和订货周期，为保证产品的新鲜程度和企业的正常运转，需要保证库存成本投入。运输成本占比最低，这是由于在选址过程中，大多数配送中心需要考虑到

交通条件，又由于冷链产品的特殊性，配送中心需要把产品尽快配送给消费者，而良好的交通条件会直接影响配送效率，而这些配送中心的位置一般靠近多条交通要道且距离北京市区较近，因此导致运输成本占总成本比例最小。

由表5-5可知，最佳优化方案需开放2、3、6、7、8、9、10共7个备选配送中心，其路径以配送中心2为例进行解释说明：车辆从配送中心2出发，将产品配送至客户需求点9，再配送至客户需求点3，最后返回配送中心2完成本次配送，其余路径按照此步骤得到配送中心最优选址—路径方案（见图5-9）。

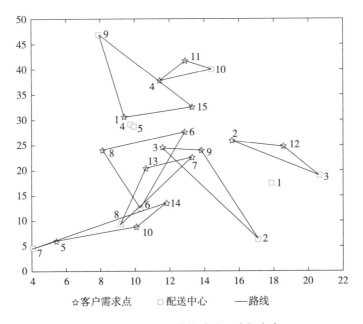

图5-9 配送中心最优选址—路径方案

为了更深层次研究此冷链物流配送网络的实际作用，下面将对相关数据和结果做简要分析。由表5-2、表5-5可知，选址成本作为三项成本中所占比例最大的一项，直接影响总成本的大小，但不同的配送中心在选址成本上相差较大，以中关村南大街物流配送中心和土桥村冷链物流配送中心为例，前者选址成本为62940000元，而后者仅为15400000元，前者是后者的 4.1 倍，造成这种情况的原因是所处位置不同，土地征用费用也会有一定的差异。因为非首都功能疏解的推进，北京市四环内配送中心数量已经大幅减少，五环和六环附近成为配送中心新的聚集地，在地理位置接近的前提下，土地征用单位成本不会相差较大，因此配送中心的选址成本在很大程度上由建设规模主导，建设规模越大，所需要的土地征用费用也相对越高，而且规模越大的冷链配送中心意味着更多冷藏设施设备的投入，这些都会影响配送中心的总成本。但是目前北京市城区配送中心数量趋于饱和，未来大规模建设配送中心的可能性会有所降低。库存控制目的在于应对由于市场不确定性和信息不对称性而导致的上游供应点和下游需求点之间的供求不平衡问题，是快速响应客户需求点需求和保持持续供给能力的重要保障，若存储的货物较少又无法及时进行补货，则会影响客户需求点的供应进而降低客户的满意度，因此为了满足消费者对冷链产品的质量需要，库存成本仅次于选址成本。由于北京市交通的便利性，配送中心运输成本占总成本的比例最小。综上，在进行配送中心选址时，不仅需要考虑交通条件，更需要对土地价格进行深入分析，在交通条件、设施设备良好的情况下，将选址成本作为企业规划的重要考量标准。综观 8 组方案的数据，各方案的配送成本和路径均存在差异，这是因为由于客户需求量存在模糊随机性，对各配送中心的库存能力有较强的考验，一旦客户需求量超过配送中心所能容纳的库存量，将会造成较严重的缺货损失并影响配送中心的正常运营；当客户需求量长期且远低于配送中心的库存量时，配送中心的建设投入、人力成本均会影响总成本。因此，冷链物流配送网络在构建时，需要将选址、路径规划、库存水平联合在一起，寻求选址—路径—库存问题最优解。

五、方案评价

本章在 2021 年《"十四五"冷链物流发展规划》的基础上，将北京市 39 个大型商圈作为京津冀城市群的客户需求点，将 6 个现有的冷链配送中心和 4 个拟建的冷链配送中心作为备选配送中心，将天津市武清区北部的天津武清蔬菜批发市场作为物流基地，使用 MATLAB 2016a 软件并运用重心法、禁忌搜索等相关算法对京津冀城市群冷链物流配送网络选址—路径—库存问题进行优化，通过对各方案的归纳比较，最终确定了成本最小化的解决方案，为城市冷链物流配送网络优化提供了实用可靠的参考方案。根据相关数据和结果，可得到以下结论。

第一，因地域条件限制选址成本无法被进一步压缩，使得选址成本一直是构建冷链物流配送网络成本的主要部分。因此，在对冷链物流节点进行选址时，相关企业对选址地点的地理条件、土地价格和客户需求量应当进行深入考察，在满足因非首都功能外迁而带来更大客户需求量的基础上，减少选址支出，将更多资本放在产业转型和服务提升上。同时，政府可以对相关企业进行税收减免、土地价格优惠等政策扶持，帮助各城市完成冷链物流配送网络的建设和升级。

第二，为验证使用模糊随机变量描述客户需求的有效性，建立对照组进行对照试验，将优化前方案中客户模糊随机需求量改为固定值。结果显示，使用模糊随机需求量的最优解目标函数值和偏差稳定度均优于使用固定需求量的对照组数据，表明所构建的模型及算法符合城市群冷链物流配送网络的现实情况，对促进我国冷链物流业转型升级及保障生鲜农产品质量安全等具有重要的参考意义。

第四节
研 究 展 望

本书从不同角度全面分析城市群配送网络上下游之间的联动机制、综合考虑各项要素，解决物流节点的"选址—路径—库存"集成与优化问题，但是城市群配送网络本身比较复杂，影响城市群配送网络布局的因素非常多，笔者时间、能力有限，本书仍存在一些不足需要改进，未来可以在以下几个方面继续研究。

第一，客户需求的描述。客户需求点选择的是由购物中心、独立百货、零售专业卖场等实体店聚类形成的具有零售和配送功能的商圈，统计的客户需求相对比较模糊，后续研究可以将区域居民数量、商圈人口需求特点作为依据，找到更好的统计方法，使客户需求点数据更精准。

第二，影响总成本的因素。目标函数总成本除选址成本、库存成本与运输成本外，在后续研究中还可以将其他成本考虑在内，使成本最优方案更加准确。

第三，研究假设。构建模型时假设每个配送中心配送的产品都是单一品种的，但在实际配送中，由于各个产品的不同，在进行运输和配送时商品不可能只有一种。同时本书假定每个配送中心最大库存量相同，在后期研究时，可以根据配送中心建设大小区分最大库存量的不同，建立的整体最优方案会更加准确。

第四，优化内容。研究城市群配送网络的优化时选取的备选配送中心主要依据政府规划报告，寻找的配送中心基本是以政府为主导建设的，但是还存在以企业为主导建设的配送中心，在后期研究时，可以与代表企业进行合作，补充现有方案，使配送方案更具有代表性，从而考虑除优化配送中心空间节点布局外，还可以从组织结构布局、供应链管理系统等方面进行优化。

参考文献

［1］ Ahmadi – Javid A, Hoseinpour P. Incorporating Location, Inventory and Price Decisions into a Supply Chain Distribution Network Design Problem ［J］. Computers and Operations Research, 2015, 56: 110-119.

［2］ Algorithms: New Algorithms Study Findings Recently Were Reported by Researchers at Chang Gung University (Multi-Start Simulated Annealing Heuristic for the Location Routing Problem with Simultaneous Pickup and Delivery) ［R］. Computers Networks & Communications, 2014.

［3］ Anis Mjirda, Bassem Jarboui, Rita Macedo, Saïd Hanafi, Nenad Mladenović. A two phase variable neighborhood search for the multi-product inventory routing problem ［J］. Computers & Operations Research, 2014, 52: 291-299.

［4］ Asefeh Hasani Goodarzi, Seyed Hessameddin Zegordi. A location-routing problem for cross-docking networks ［J］. Computers & Industrial Engineering, 2016, 102: 132-146.

［5］ Asl-Najafi J, Zahiri B, Bozorgi-Amiri A, et al. A Dynamic Closed-Loop Location-Inventory Problem under Disruption Risk ［J］. Computers & Industrial Engineering, 2015, 90: 414-428.

［6］ Banerjee S, Agrawal S. Inventory Model for Deteriorating Items with Freshness and Price Dependent Demand: Optimal Discounting and Ordering Policies ［J］. Applied Mathematical Modelling, 2017, 52: 53-64.

［7］ Bell W J, Dalberto L M, Fisher M L, et al. Improving the Distribution of Industrial Gases with an On-Line Computerized Routing and Scheduling Optimizer ［J］. Interfaces, 1983, 13 (6): 4-23.

［8］ Bernardo M, Du B, Matias A B. Achieving Robustness in the Capacitated Vehicle Routing Problem with Stochastic Demands ［R］. Transportation Letters, 2022.

［9］ Bertazzi L. Analysis of Direct Shipping Policies in an Inventory-Routing Problem with Discrete Shipping Times ［J］. Management Science, 2008, 54 (4): 748-762.

［10］ Chang H C, Yao J C, OuYang L Y. Fuzzy Mixture Inventory Model Involving Fuzzy Random Variable Lead Time Demand and Fuzzy Total Demand ［J］. European Journal of Operational Research, 2006, 169 (1): 65-80.

［11］ Dantzig G B, Fulkerson D R, Johnson S M. On a Linear-Programming, Combinatorial Approach to the Traveling-Salesman Problem ［J］. Operations Research, 1959, 7 (1): 58-66.

［12］ Daskin M S, Coullard C R, Shen Z J M. An Inventory-Location Model: Formulation, Solution Algorithm and Computational Results ［J］. Annals of Operations Research, 2002, 110 (1-4): 83-106.

［13］ Dey O, Chakraborty D. A Fuzzy Random Periodic Review System with Variable Lead-Time and Negative Exponential Crashing Cost ［J］. Applied Mathematical Modelling, 2012, 36 (12): 6312-6322.

［14］ Dey O, Chakraborty D. Fuzzy Periodic Review System with Fuzzy Random Variable Demand ［J］. European Journal of Operational Research, 2009, 198 (1): 113-120.

［15］ Diabat A, Theodorou E. A Location-Inventory Supply Chain Problem: Reformulation and Piecewise Linearization ［J］. Computers & Industrial Engineering, 2015, 90: 381-389.

［16］ Dou S, Liu G, Yang Y. A New Hybrid Algorithm for Cold Chain Logistics Distribution Center Location Problem ［J］. IEEE Access, 2020, 8: 88769-88776.

［17］ Eppen G D. The Effects of Centralization on Expected Costs in a Multi-Location Newsboy Problem ［J］. Management Science, 1979, 25 (5): 498-501.

［18］ Escalona P, Ordóñez F, Marianov V. Joint Location – Inventory Problem with Differentiated Service Levels Using Critical Level Policy ［J］. Transportation Research Part E: Logistics and Transportation Review, 2015, 83: 141-157.

［19］ Ghannadpour S F, Zarrabi A. Multi-Objective Heterogeneous Vehicle Routing and Scheduling Problem with Energy Minimizing ［J］. Swarm and Evolutionary Computation, 2019（44）: 728-747.

［20］ Gottmann J. Megalopolis: The Super City ［J］. Challenge, 1957, 5（11/12）.

［21］ Grangier P, Gendreau M, Lehuédé F, et al. An Adaptive Large Neighborhood Search for the Two – Echelon Multiple – Trip Vehicle Routing Problem with Satellite Synchronization ［J］. European Journal of Operational Research, 2016, 254（1）: 80-91.

［22］ Guerrero W J, Prodhon C, Velasco N, et al. Hybrid Heuristic for the Inventory Location – Routing Problem with Deterministic Demand ［J］. International Journal of Production Economics, 2013, 146（1）: 359-370.

［23］ Hemmati A, Hvattum L M, Christiansen M, et al. An Iterative Two-phase Hybrid Matheuristic for a Multi – Product Short Sea Inventory – Routing Problem ［J］. European Journal of Operational Research, 2016, 252（3）: 775-788.

［24］ Hemmelmayer V C, Cordeau J F, Grainic T G. An Adaptive Large Neighborhood Search Heuristic for Two – Echelon Vehicle Routing Problems Arising in City Logistics ［J］. Computers and Operations Research, 2012, 39（12）: 3215-3228.

［25］ Hemmelmayer V C. Sequential and Parallel Large Neighborhood Search Algorithms for the Periodic Location Routing Problem ［J］. European Journal of Operational Research, 2015, 243（1）: 52-62.

［26］ Howard E. Garden Cities of To-Morrow ［M］. London: Swan Sonnenschein, 1902.

［27］ Huang S – H. Solving the Multi – Compartment Capacitated Location

Routing Problem with Pickup－Delivery Routes and Stochastic Demands [J].
Computers & Industrial Engineering, 2015, 87: 104－113.

[28] Johnson G I, Hofman P J. Agri－Product Supply－Chain Management in Developing Countries [R]. ACIAR Proceedings, 2004.

[29] Kulachenco I N, Kononova P A, Kochetov Y A, et al. The Variable Neighborhood Search for a Consistent Vehicle Routing Problem under the Shift Length Constraints [J]. IFAC－Papers OnLine, 2019, 52 (13): 2314－2319.

[30] Lan H, Li R, Liu Z, et al. Study on the Inventory Control of Deteriorating Items under VMI Model Based on Bi－Level Programming [J]. Expert Systems with Applications, 2011, 38 (8): 9287－9295.

[31] Lau H C W, Jiang Z Z, Ip W H, et al. A Credibility－Based Fuzzy Location Model with Hurwicz Criteria for the Design of Distribution Systems in B2C E－Commerce [J]. Computers & Industrial Engineering, 2010, 59 (4): 873－886.

[32] Li J X, Chen H X, Chu F. Performance Evaluation of Distribution Strategies for the Inventory Routing Problem [J]. European Journal of Operational Research, 2010, 202 (2): 412－419.

[33] Liu S C, Lee S. A Two－Phase Heuristic Method for the Multi－Depot Location Routing Problem Taking Inventory Control Decisions Into Consideration [J]. The International Journal of Advanced Manufacturing Technology, 2003, 22 (11): 941－950.

[34] Liu T, Luo Z, Qin H, et al. A Branch－and－Cut Algorithm for the Two－Echelon Capacitated Vehicle Routing Problem with Grouping Constraints [J]. European Journal of Operational Research, 2018, 266 (2): 487－497.

[35] Liu Y K, Liu B. Expected Value of Fuzzy Variable and Fuzzy Expected Value Models [J]. IEEE Transactions on Fuzzy Systems, 2003, 10 (4): 445－450.

[36] Liu Y K, Liu B. Expected Value Operator of Random Fuzzy Variable and Random Fuzzy Expected Value Models [J]. International Journal of Uncertainty, Fuzziness and Knowledge－Based Systems, 2003, 11 (2): 195－215.

［37］ Liu Y K, Liu B. Fuzzy Random Variables: A Scalar Expected Value ［J］. Fuzzy Optimization and Decision Making, 2003, 2（2）: 143-160.

［38］ Lopes R B, Ferreira C, Santos B S. A Simple and Effective Evolutionary Algorithm for the Capacitated Location-Routing Problem ［J］. Computers and Operations Research, 2016, 70: 155-172.

［39］ Mac Q J. Some Methods for Classification and Analysis of Multivariate observations ［C］ // Proceedings of the 5th Berkeley Symposium on Mathematical Statistics and Probability. Berkeley, University of California Press, 1967.

［40］ Marinakis Y. An Improved Particle Swarm Optimization Algorithm for the Capacitated Location Routing Problem and for the Location Routing Problem with Stochastic Demands ［J］. Applied Soft Computing, 2015, 37: 680-701.

［41］ Min H, Jayaraman V, Srivastava R. Combined Location－Routing Problems: A Synthesis and Future Research Directions ［J］. European Journal of Operational Research, 1998, 108（1）: 1-15.

［42］ Mirzaei S, Seifi A. Considering Lost Sale in Inventory Routing Problems for Perishable Goods ［J］. Computers & Industrial Engineering, 2015, 87: 213-227.

［43］ Montanari R. Cold Chain Tracking: A Managerial Perspective ［J］. Trends in Food Science & Technology, 2008, 19（8）: 425-431.

［44］ Montoya-Torres J R, López Franco J, Nieto Isaza S, et al. A Literature Review on the Vehicle Routing Problem with Multiple Depots ［J］. Computers & Industrial Engineering, 2015, 79: 115-129.

［45］ Morteza Z, Nielsen P, Akram A, et al. A Performance Evaluation System for Agricultural Services in Agricultural Supply Chain ［J］. Management and Production Engineering Review, 2014, 5（3）: 70-80.

［46］ Moshref－Javadi M, Lee S. The Latency Location－Routing Problem ［J］. European Journal of Operational Research, 2016, 255（2）: 604-619.

［47］ Mousavi S M, Alikar N, Niaki S, et al. Optimizing a Location Allocation-Inventory Problem in a Two-Echelon Supply Chain Network: A Modified Fruit Fly Optimization－Algorithm ［J］. Computers & Industrial Engineering,

2015, 87: 543-560.

［48］Nekooghadirli N, Tavakkoli-Moghaddam R, Ghezavati V R, et al. Solving a New Bi－Objective Location－Routing－Inventory Problem in a Distribution Network by Meta-Heuristics ［J］. Computers & Industrial Engineering, 2014, 76: 204-221.

［49］Nozick L K, Turnquist M A. A Two-Echelon Inventory Allocation and Distribution Center Location Analysis ［J］. Transportation Research, 2001, 37 (6): 425-441.

［50］Operations Research: Study Results from University of Belgrade Update Understanding of Operations Research (A Two Phase Variable Neighborhood Search for the Multi-Product Inventory Routing Problem) ［R］. Computer Weekly News, 2014.

［51］Oshmita D, Chakraborty D. A Single-Period Inventory Problem with Resalable returns: A fuzzy Stochastic Approach ［J］. International Journal of Mathematical, Computational Science and Engineering, 2007, 1 (2): 1-8.

［52］Osvald A, Strirn L Z. A Vehicle Routing Algorithm for the Distribution of Fresh Vegetables and Similar Perishable Food ［J］. Journal of Food Engineering, 2007, 85 (2): 285-295.

［53］Paam P, Berretta R, García－Flores R, et al. Multi－Warehouse, Multi-Product Inventory Control Model for Agri-Fresh Products: A case study ［J］. Computers and Electronics in Agriculture, 2022, 194: 106783.

［54］Perdana Y R. Logistics Information System for Supply Chain of Agricultural Commodity ［J］. Procedia-Social and Behavioral Sciences, 2012, 65 (3): 608-617.

［55］Ponboon S, Qureshi A G, Taniguchi E. Evaluation of Cost Structure and Impact of Parameters in Location-Routing Problem with Time Windows ［J］. Transportation Research Procedia, 2016, 12: 213-226.

［56］Prodhon C, Prins C. A Survey of Recent Research on Location-Routing Problems ［J］. European Journal of Operational Research, 2014, 238 (1): 1-17.

［57］Puga M S, Tancrez J-S. A Heuristic Algorithm for Solving Large Location-Inventory Problems with Demand Uncertainty ［J］. European Journal of Operational Research, 2017, 259（2）: 413-423.

［58］Qu H, Wang L, Liu R. A Contrastive Study of the Stochastic Location-Inventory Problem with Joint Replenishment and Independent Replenishment ［J］. Expert Systems with Applications, 2015, 42（4）: 2061-2072.

［59］Santos E, Ochi L S, Simonetti L, et al. A Hybrid Heuristic Based on Iterated Local Search for Multivehicle Inventory Routing Problem ［J］. Electronic Notes in Discrete Mathematics, 2016, 52: 197-204.

［60］Shen Z J M, Qi L. Incorporating Inventory and Routing Costs in Strategic Location Models ［J］. European Journal of Operational Research, 2007, 179（2）: 372-389.

［61］Tancrez J-S, Lange J-C, Semal P. A Location-Inventory Model for Large Three - Level Supply Chains ［J］. Transportation Research Part E: Logistics and Transportation Review, 2011, 48（2）: 485-502.

［62］Ting C J, Chen C H. A Multiple Ant Colony Optimization Algorithm for Capacitated Location Routing Problem ［J］. Int. J. Production Economics, 2013（141）: 34-44.

［63］Torfi F, Farahani R Z, Mahdavi I. Fuzzy MCDM for Weight of Object's Phrase in Location Routing Problem ［J］. Applied Mathematical Modelling, 2016, 40（1）: 526-541.

［64］Van Donselaar K H, Broekmeulen R A C M. Approximations for the Relative Outdating of Perishable Products by Combining Stochastic Modeling, Simulation and Regression Modeling ［J］. International Journal of Production Economics, 2012, 140（2）: 660-669.

［65］Vansteenwegen P, Mateo M. An Iterated Local Search Algorithm for the Single-Vehicle Cyclic Inventory Routing Problem ［J］. European Journal of Operational Research, 2014, 237（3）: 802-813.

［66］Vincent F. Yu, Shih-Wei Lin. Multi-start simulated annealing heuristic for the location routing problem with simultaneous pickup and delivery ［J］.

Applied Soft Computing, 2014, 24: 284-290.

[67] Yakici E. Solving Location and Routing Problem for UAVs [J]. Computers & Industrial Engineering, 2016, 102: 294-301.

[68] Zadeh L A. Fuzzy Sets, Information and Control [J]. Fuzzy Optimization and Decision Making, 1965, 8 (6): 338-353.

[69] Zak J, Wegliński S. The Selection of the Logistics Center Location Based on MCDM/A Methodology [J]. Transportation Research Procedia, 2014 (3): 555-564.

[70] Zangeneh M, Nielsen P. Agricultural Service Center Location Problem: Concept and a MCDM Solution Approach [J]. International Federation for Information Processing, 2014, 439: 611-617.

[71] Zarandi M H F, Hemmati A, Davari S, et al. Capacitated Location-Routing Problem with Time Windows under Uncertainty [J]. Knowledge-Based Systems, 2013, 37 (1): 480-489.

[72] Zhang Y, Qi M Y, Lin W H, et al. A Metaheuristic Approach to the Reliable Location Routing Problem under Disruptions [J]. Transportation Research Part E: Logistics and Transportation Review, 2015, 83: 90-110.

[73] Zhang Y, Qi M Y, Miao L X, et al. Hybrid Metaheuristic Solutions to Inventory Location Routing Problem [J]. Transportation Research Part E: Logistics and Transportation Review, 2014, 70: 305-323.

[74] Zhou L, Baldacci R, Vigo D, et al. A Multi-Depot Two-Echelon Vehicle Routing Problem with Delivery Options Arising in the Last Mile Distribution [J]. European Journal of Operational Research, 2018, 265 (2): 765-778.

[75] 白秦洋, 尹小庆, 林云. 考虑路网中实时交通的冷链物流路径优化 [J]. 工业工程与管理, 2021, 26 (6): 56-65.

[76] 鲍春玲, 张世斌. 考虑碳排放的冷链物流联合配送路径优化 [J]. 工业工程与管理, 2018, 23 (5): 95-100, 107.

[77] 陈德慧, 陈东彦. 模糊随机环境下 B2C 电子商务配送系统 CLRIP 集成优化模型 [J]. 系统管理学报, 2017, 26 (4): 744-753.

[78] 陈凡, 胡涓. 中外城市群与辽宁带状城市群的城市化 [J]. 自然

辩证法研究，1997（10）：48-53.

[79] 陈红梅. 煤炭物流供应链信息协同共享研究［J］. 生态经济，2013（5）：109-113.

[80] 陈建华，吕群英，曹菁菁. 电商物流多周期库存配送联合决策模型及算法［J］. 武汉理工大学学报（信息与管理工程版），2019，41（5）：497-502.

[81] 陈建华，马士华. 基于集配中心的供应链物流整合方式［J］. 当代经济管理，2006（4）：33-37.

[82] 陈立伟，唐权华. 基于 Memetic 算法的两级车辆路径优化［J］. 重庆大学学报（自然科学版），2017，40（3）：95-104.

[83] 陈淑童，王长军，刘泳. 考虑时效与货损的多产品冷链物流配送中心选址与流量分配仿真［J］. 东华大学学报（自然科学版），2017，43（3）：436-442.

[84] 陈晓旭，王勇，于海龙. 3PL 参与的时变需求变质品三级供应链模型［J］. 中国管理科学，2014，22（1）：65-73.

[85] 程云行，张国庆. 农产品加工企业与生产基地农户合作分析［J］. 中国流通经济，2010，24（4）：46-48.

[86] 初良勇，左世萍，阮志毅. 考虑退货不确定性的多层次多站点逆向物流网络选址优化研究［J］. 运筹与管理，2021，30（9）：73-79.

[87] 崔广彬，李一军. 模糊需求下物流系统 CLRIP 问题研究［J］. 控制与决策，2007，22（9）：1000-1004，1016.

[88] 代颖，马祖军，郑斌. 突发公共事件应急系统中的模糊多目标定位—路径问题研究［J］. 管理评论，2010，22（1）：121-128.

[89] 丁洪俊，宁越敏. 城市地理概论［M］. 合肥：安徽科学出版社，1983.

[90] 董玉革. 随机变量和模糊变量组合时的模糊可靠性设计［J］. 机械工程学报，2000（6）：25-29.

[91] 杜丽敬，李延晖. 选址—库存—路径问题模型及其集成优化算法［J］. 运筹与管理，2014，23（4）：70-79.

[92] 范厚明，吴嘉鑫，耿静，等. 模糊需求与时间窗的车辆路径问

题及混合遗传算法求解 [J]. 系统管理学报，2020，29 (1)：107-118.

[93] 方文婷，艾时钟，王晴，等. 基于混合蚁群算法的冷链物流配送路径优化研究 [J]. 中国管理科学，2019，27 (11)：107-115.

[94] 淦艳，魏延，杨有. 免疫算法在带权值的物流配送中心选址中的应用 [J]. 重庆师范大学学报（自然科学版），2015，32 (5)：107-113.

[95] 龚树生，梁怀兰. 生鲜食品的冷链物流网络研究 [J]. 中国流通经济，2006，20 (20)：7-9.

[96] 顾朝林. 中国城镇体系研究 [M]. 北京：商务印书馆，1995.

[97] 郭放，黄志红，黄卫来. 考虑前置仓选址与服务策略的同时取送货车辆路径问题研究 [J]. 系统工程理论与实践，2021，41 (4)：962-978.

[98] 侯玉梅，马腾飞，刘楠，等. 以龙头企业为核心的河北省生鲜农产品供应链模式的构建 [J]. 调研世界，2010 (10)：22-24.

[99] 胡乔宇，杨琨，刘冉. 考虑随机客户需求的两级车辆路径问题研究 [J]. 工业工程与管理，2018，23 (5)：74-81.

[100] 胡新学，周根贵，周礼南. 模糊需求下可单向替代的有机农产品订购策略 [J]. 工业工程与管理，2019，24 (6)：54-63.

[101] 霍红，崔琦，詹帅. 辽宁省内冷冻水产品冷链配送网络规划 [J]. 江苏农业科学，2016，44 (8)：535-539.

[102] 计莹峰，闫芳园，杨华龙. 考虑三级货损成本的冷链物流配送中心选址优化 [J]. 数学的实践与认识，2014，44 (5)：57-63.

[103] 冀巨海，张璇. 考虑取送作业的生鲜农产品配送路径优化模型与算法 [J]. 系统科学学报，2019，27 (1)：130-135.

[104] 赖志柱，王铮，戈冬梅，等. 多目标应急物流中心选址的鲁棒优化模型 [J]. 运筹与管理，2020，29 (5)：74-83.

[105] 李洪兴. 模糊数学趣谈 [M]. 成都：四川教育出版社，1987.

[106] 梁双波，曹有挥，吴威. 长江三角洲地区物流供应链时空演化及其影响因素：基于国际货代企业数据的分析 [J]. 地理研究，2017，36 (11)：2156-2170.

[107] 梁喜，凯文. 考虑客户聚类与产品回收的两级闭环物流网络选

址—路径优化 [J]. 计算机用, 2019, 39 (2): 604-610.

[108] 林殿盛, 张智勇, 王佳欣, 等. 需求不确定下的低碳物流配送中心选址 [J]. 控制与决策, 2020, 35 (2): 492-500.

[109] 林略, 但斌. 时间约束下鲜活农产品三级供应链协调 [J]. 中国管理科学, 2011, 19 (3): 55-62.

[110] 刘永霞. 基于模糊事件的概率理论研究 [D]. 沈阳: 东北大学, 2013.

[111] 吕飞, 李延晖. 备件物流系统选址库存路径问题模型及算法 [J]. 工业工程与管理, 2010, 15 (1): 82-86, 91.

[112] 吕海峰, 马维忠, 王衍华. 基于网络分析方法的物流配送中心选址的研究 [J]. 运筹与管理, 2004 (6): 80-85.

[113] 罗耀波, 孙延明, 廖鹏. 带退货和软时间窗的多仓库选址—路径问题研究 [J]. 运筹与管理, 2014, 23 (5): 78-85.

[114] 骆嘉琪, 刘佳, 匡海波. 数字经济背景下冷链新业态的末端配送网络体系构建 [J]. 供应链管理, 2022, 3 (7): 62-73.

[115] 马汉武, 朱晖. 基于 JITD 的服务备件二级分销网络集成研究 [J]. 工业工程, 2011, 14 (6): 76-80.

[116] 马燕坤, 肖金成. 都市区、都市圈与城市群的概念界定及其比较分析 [J]. 经济与管理, 2020, 34 (1): 18-26.

[117] 乔佩利, 王娜. 电子商务供应链逆向物流的 LIRP 问题研究 [J]. 哈尔滨理工大学学报, 2016, 21 (2): 28-31.

[118] 任志豪, 钱颖, 张聪. 基于复杂网络的区域医药冷链物流配送网络研究: 以江苏省为例 [J]. 物流科技, 2022, 45 (15): 124-127.

[119] 桑圣举, 张强. 模糊需求下 n 级供应链的收益共享契约机制研究 [J]. 中国管理科学, 2013, 21 (3): 127-136.

[120] 孙姣, 屈挺, 聂笃宪, 等. 双渠道多级分销网络选址—库存问题 [J]. 计算机集成制造系统, 2021, 27 (11): 3305-3317.

[121] 孙开钊. "互联网+" 下我国农产品供应链创新 [J]. 企业经济, 2015 (12): 93-98.

[122] 孙一榕, 郑国华. 故障共享单车回收站选址库存问题模型及算

法［J］. 工业工程与管理，2022，27（6）：95-105.

［123］谭涛，朱毅华. 农产品供应链组织模式研究［J］. 现代经济探讨，2004（5）：24-27.

［124］汪培庄. 模糊集与随机集落影［M］. 北京：北京师范大学出版社，1985.

［125］王超峰，帅斌. 带有横向调度的维修备件选址库存路径问题研究［J］. 计算机工程与应用，2013，49（14）：10-14.

［126］王道平，徐展，杨岑. 基于两阶段启发式算法的物流配送选址—路径问题研究［J］. 运筹与管理，2017，26（4）：70-75，83.

［127］王莉莉，孙宏岭，阮承健. 基于供应链理论的果蔬类农产品物流模式研究［J］. 物流技术，2008，31（11）：133-135.

［128］王梦梦，韩晓龙. 考虑碳排放的易腐品供应链选址—路径—库存联合优化［J］. 上海海事大学学报，2019，40（4）：45-51.

［129］王平，张国立. 模糊事件的概率测度熵［J］. 华北电力大学学报（自然科学版），2003，30（1）：100-102.

［130］王淑云，范晓晴，马雪丽，等. 考虑商品新鲜度与量变损耗的三级冷链库存优化模型［J］. 系统管理学报，2020，29（2）：409-416.

［131］王勇，黄思奇，刘永，等. 基于 K-means 聚类方法的物流多配送中心选址优化研究［J］. 公路交通科技，2020，37（1）：141-148.

［132］王运发，李波. 基于禁忌搜索的生产—库存—配送协同计划问题研究［J］. 信息与控制，2012，41（3）：391-396，400.

［133］尉迟群丽，何正文，王能民. 考虑缺货的闭环供应链选址—库存—路径集成优化［J］. 运筹与管理，2021，30（2）：53-60.

［134］文龙光. 基于委托代理模型的物流供应链任务分配及利益协调机制研究［J］. 经济问题，2011（4）：62-66.

［135］吴晓明，吴信才，钱建平，等. 考虑配送中心弹性库存的果品采购优化模型［J］. 计算机应用研究，2016，33（6）：1743-1747.

［136］肖灵芝. 模糊随机需求下多级供应链库存系统优化与协调研究［D］. 沈阳：东北大学，2013.

［137］肖作鹏，王缉宪，孙永海. 网络零售对物流供应链的重组效应

及其空间影响 [J]. 经济地理, 2015, 35 (12): 98-104.

[138] 熊浩, 鄢慧丽. 考虑多种安全库存策略的选址—库存问题研究 [J]. 中国管理科学, 2021, 29 (1): 72-81.

[139] 熊惠, 李婧. 易腐物品第三方物流配送模式研究 [J]. 科技和产业, 2008, 8 (9): 49-51.

[140] 徐杰, 鞠颂东. 物流网络的内涵分析 [J]. 北京交通大学学报 (社会科学版), 2005 (2): 22-26.

[141] 杨怀珍, 卢高达. 电子商务模式下生鲜农产品三级供应链协调 [J]. 系统科学学报, 2018, 26 (1): 126-130.

[142] 杨珺, 冯鹏祥, 孙昊, 等. 电动汽车物流配送系统的换电站选址与路径优化问题研究 [J]. 中国管理科学, 2015, 23 (9): 87-96.

[143] 姚士谋, 陈振光, 朱英明, 等. 中国城市群 [M]. 合肥: 中国科技大学出版社, 2006.

[144] 依绍华. 我国农产品批发市场发展状况调查及对策建议 [J]. 北京工商大学学报 (社会科学版), 2014, 29 (6): 16-21.

[145] 尹丽. 京津冀区域农产品冷链智慧物流体系关键技术研究 [J]. 山西农经, 2021, (23): 167-168, 71.

[146] 于春云, 赵希男, 彭艳东, 等. 不确定需求环境下多级库存系统优化与协调模型研究 [J]. 管理工程学报, 2009, 23 (1): 121-127.

[147] 余云龙, 张炎治, 吴茜. TPL 服务商参与决策的生鲜农产品三级供应链协调机制 [J]. 管理工程学报, 2015, 29 (4): 213-221.

[148] 袁志远, 高杰, 杨才君. 药品物流多中心选址优化研究 [J]. 运筹与管理, 2022, 31 (10): 1-5.

[149] 张得志, 潘立红, 李双艳. 考虑供应商选择的选址—库存—路径的联合优化 [J]. 计算机应用研究, 2019, 36 (8): 2338-2341.

[150] 张文峰, 梁凯豪. 生鲜农产品冷链物流网络节点和配送的优化 [J]. 系统工程, 2017, 35 (1): 119-123.

[151] 张晓楠, 范厚明, 李剑锋. 变动补偿的多模糊选址—路径机会约束模型及算法 [J]. 系统工程理论与实践, 2016, 36 (2): 442-453.

[152] 张正, 孟庆春. 供给侧改革下农产品供应链模式创新研究 [J].

山东大学学报（哲学社会科学版），2017（3）：101-106.

［153］赵泉午，姚珍珍，林娅. 面向新零售的生鲜连锁企业城市配送网络优化研究［J］. 中国管理科学，2021，29（9）：168-179.

［154］赵霞，吴方卫. 随机产出与需求下农产品供应链协调的收益共享合同研究［J］. 中国管理科学，2009，17（5）：88-95.

［155］郑哲文. 基于可靠技术的应急物流供应链构建［J］. 中国流通经济，2009，23（10）：54-56.

［156］中国物流与采购联合会冷链物流专业委员会. 中国冷链物流发展报告（2022）［M］. 北京：中国财富出版社有限公司，2022.

［157］周林，林云，王旭，等. 网购城市配送多容量终端选址与多车型路径集成优化［J］. 计算机集成制造系统，2016，22（4）：1139-1147.

［158］周一星. 中国的城市体系和区域倾斜战略探讨［M］. 哈尔滨：黑龙江人民出版社，1991.

［159］朱宝琳，戚亚萍，戢守峰，等. 产出和需求不确定下三级供应链契约协调模型［J］控制与决策，2016，31（12）：2211-2218.

［160］邹筱，张晓宁. 准时达限制条件的冷链物流配送中心选址模型［J］. 统计与决策，2020，36（12）：185-188.

［161］邹逸，刘勤明，叶春明，等. 基于质量水平的乳制品冷链物流库存—生产策略优化研究［J］. 计算机应用研究，2020，37（9）：2744-2748，2753.

附　录

附录 1　第三章主程序代码

```
clc
clear
close all
load data. mat
%输入参数
data. C1 =20;
data. C2 =50;
data. C3 =800;
data. L =1;
data. Cq =160;
data. Ch =15;
data. Cs =10000;
data. yita =30;
data. v =40;
data. theta =0. 0006;
data. center =[115. 892937　39. 349761];
data. D1 =[5. 775　13. 235　4. 173　16. 575　15. 749　20. 417　8. 355
```

5. 141　25. 707　23. 144　20. 033　9. 474　8. 825　6. 702

8. 067　6. 299　6. 034　12. 652　9. 470　14. 338　3. 373　1. 988　18. 599
　　19. 476　15. 786　11. 187　13. 930　2. 990

20. 188　9. 260　20. 056　14. 208　10. 082　7. 795　14. 794　16. 559
　　4. 485　17. 760　14. 392　21. 923　27. 771　15. 537

30. 758　23. 251　27. 988　10. 068　26. 823　12. 686　25. 670　23. 731
　　23. 573　3. 262　7. 161　18. 541　34. 974　20. 574

37. 789　31. 215　34. 664　17. 508　34. 909　20. 974　33. 077　30. 645
　　31. 707　11. 264　15. 158　23. 421　40. 993　27. 450

24. 681　28. 335　21. 034　22. 769　31. 704　29. 806　24. 714　20. 801
　　38. 996　26. 219　25. 422　12. 636　21. 263　19. 866];

data. D2 = [0. 000　10. 946　3. 859　20. 691　11. 343　21. 911　5. 716
　　7. 149　23. 366　27. 526　23. 853　16. 776　8. 076　21. 603

10. 946　0. 000　10. 976　13. 889　4. 016　12. 049　5. 583　8. 139
　　12. 767　20. 044　16. 110　16. 570　18. 546　8. 488

3. 859　10. 976　0. 000　18. 004　12. 656　20. 369　5. 451　4. 398
　　23. 743　24. 814　21. 331　13. 000　7. 912　7. 429

20. 691　13. 889　18. 004　0. 000　17. 759　7. 433　15. 655　13. 696
　　18. 435　6. 838　3. 468　10. 826　25. 253　10. 575

11. 343　4. 016　12. 656　17. 759　0. 000　14. 956　7. 409　10. 991
　　12. 357　23. 670　19. 753　20. 329　19. 398　12. 083

21. 911　12. 049　20. 369　7. 433　14. 956　0. 000　16. 218　16. 076
　　11. 492　9. 966　6. 711　17. 363　28. 238　13. 716

5. 716　5. 583　5. 451　15. 655　7. 409　16. 218　0. 000　3. 988　18. 334
　　22. 410　18. 609　14. 349　12. 978　6. 336

7. 149　8. 139　4. 398　13. 696　10. 991　16. 076　3. 988　0. 000　20. 572
　　20. 528　16. 977　10. 480　12. 169　3. 197

23. 366　12. 767　23. 743　18. 435　12. 357　11. 492　18. 334　20. 572
　　0. 000　21. 236　18. 202　26. 405　31. 226　19. 832

27. 526　20. 044　24. 814　6. 838　23. 670　9. 966　22. 410　20. 528

```
    21.236   0.000   3.933   15.986   31.565   17.389
23.853   16.110   21.331   3.468   19.753   6.711   18.609   16.977
    18.202   3.933   0.000   13.989   28.680   13.917
16.776   16.570   13.000   10.826   20.329   17.363   14.349   10.480
    26.405   15.986   13.989   0.000   17.862   8.297
8.076   18.546   7.912   25.253   19.398   28.238   12.978   12.169
    31.226   31.565   28.680   17.862   0.000   14.874
21.603   8.488   7.429   10.575   12.083   13.716   6.336   3.197
    19.832   17.389   13.917   8.297   14.874   0.000];
data. D3 = [65.624 65.528 66.047 45.673 37.385 55.004];
[pop,ju] = Init(data);
f_begin = fit(pop,data);
if ju = = 1
    J_ch = [];
    J_T = [];
    T = 2;
    FF = zeros(1,5);
    POP = [];
    for i = 1:5
        disp(['第',num2str(i),'次整体迭代']);
        num_D1 = 150;
        [pop,J_ch,J_T] = improve1(pop,data,num_D1,J_ch,J_T,T);
        num_D2 = 2000;
        [pop,J_ch,J_T,F] = improve2(pop,data,num_D2,J_ch,J_T,T);
        FF(i) = F;
        POP = [POP;pop];
    end
    disp('最终结果为')
    plot(data. C(:,1)',data. C(:,2)',' pr',' MarkerSize',6)
    hold on
```

```
for i＝1:size(data. C,1)
    text(data. C(i,1),data. C(i,2),num2str(i))
end
plot(data. Qc(:,1)' ,data. Qc(:,2)' ,' sb' ,' MarkerSize' ,6)
hold on
for i＝1:size(data. Qc,1)
    text(data. Qc(i,1),data. Qc(i,2),num2str(i))
end
[～,index]＝min(FF);
pop＝POP(index(1),:);
npop＝pop(1:size(pop,2)/2);
mpop＝pop(1+size(pop,2)/2:end);
ch＝unique(npop);
for i＝1:size(ch,2)
    disp([' 开放的配送中心为' ,num2str(ch(i))])
    index1＝find(npop＝＝ch(i));
    index2＝mpop(index1);
    S＝[index1' ,index2' ];
    S＝sortrows(S,2);
    index1＝S(:,1)' ;
    ch_p＝data. C(index1,:);
    disp([' 路径为' ,num2str(index1)])
    ch_p＝[data. Qc(ch(i),:);ch_p;data. Qc(ch(i),:)];
    plot(ch_p(:,1)' ,ch_p(:,2)' ,' - k' )
    hold on
end
legend(' 末端网点' ,' 配送中心' ,' 路线' )
% title(' 配送中心的最优选址—路径方案简图' )
end
[f_end,f_1,f_2,f_3,f_4]＝fit(pop,data);
```

disp(['初始解成本为',num2str(f_begin)])

disp(['最后成本为',num2str(f_end)])

disp(['选址成本为',num2str(f_1),'库存成本为',num2str(f_2),'运输成本为',
num2str(f_3),'食物的腐烂成本',num2str(f_4)])

附录 2 第四章主程序代码

```
clc
clear
close all
A = xlsread(' data. xlsx' ,1,' D2:F49' );
data2 = xlsread(' data. xlsx' ,2,' E2:G9' );
P0 = [116. 6689   39. 7232
   116. 3475   39. 8238];
P1 = data2(:,1:2);
tm = data2(:,3);
K = size(P1, 1);
N = 12;
[Idx, P2, SumD, D] = kmeans(A, N, ' Replicates' ,5);
P2(:,1) = P2(:,1) + 0. 02;
figure
cc = hsv(N);
q = zeros(N,1);
for k = 1 : N
   plot(A(Idx= =k,1),A(Idx= =k,2),' o' ,' Color' ,cc(k,:),' MarkerFaceColor' ,cc
(k,:))
   hold on
   plot(P2(k, 1), P2(k, 2),' ^' ,' Color' , cc(k,:),' MarkerFaceColor' , cc(k,:),'
MarkerSize' ,12)
   q(k) = sum(A(Idx = = k,3));
end
figure
```

```
% plot(P0(:,1),P0(:,2),' r^' ,' MarkerFaceColor' ,' r' ,' MarkerSize' ,12)
hold on
plot(P1(:,1),P1(:,2),' gs' ,' MarkerFaceColor' ,' g' ,' MarkerSize' ,9)
plot(P2(:,1),P2(:,2),' bo' ,' MarkerFaceColor' ,' b' )
grid on
box on
xlabel(' 经度' )
ylabel(' 纬度' )
hl = 5000;
rl = 500000 / 15 /12 *  0. 95;
a = 1;
beta = 0. 019;
p = 5800;
V1 = 45;
V2 = 20;
theta = 0. 015;
Rn = 0. 5;
hnum = 3;

D1 = zeros(2, K);
for i = 1 : 2
   for j = 1 : K
      D1(i,j) = JW2D(P0(i,:), P1(j,:));
   end
end
D2 = zeros(K, N);
for i = 1 : K
   for j = 1 : N
      D2(i,j) = JW2D(P1(i,:), P2(j,:));
   end
end
```

```
NP = 80;
maxgen = 300;
Pc = 0. 8;
Pm = 0. 1;
M = 2;
dim = K + N;
chrom = initpop(NP, M, dim, N, K, hnum, q, D1, D2, V1, V2, hl, rl, a, beta, p,
theta, Rn, tm);
chrom = nonDominatedSort(chrom, M, dim);
figure
for gen = 1 : maxgen
    gen
    chr = Select(chrom);
    chr = Cross(chr, M, dim, Pc, K, N);
    chr = Mutate(chr, M, dim, Pm, K, N, hnum);
    for i = 1 : NP
        chr(i,dim + 1: M + dim) = fitness(chr(i,1:dim), N, K, hnum, q, D1, D2,
V1, V2, hl, rl, a, beta, p, theta, Rn, tm);
    end
    CHS = [chrom; chr];
    CHS = nonDominatedSort(CHS, M, dim);
    chrom = CHS(1:NP,:);
    FG1(gen,1) = min(chrom(:,dim+1));
    FG2(gen,1) = - min(chrom(:,dim+2));
    plot(chrom(:,dim + 1) ,- chrom(:,dim + 2),' r* ' );
    title
    xlabel
    ylabel
    pause(0. 01)
end
```

附 录 3　第 五 章 主 程 序 代 码

```
clc
clear
close all
load data.mat
data.CN = [ 368.830000000000, 385.980000000000, 381.310000000000;
234.214545454545,247.294545454545,229.094545454545;355.070000000001,
367.600000000001,349.260000000001;212.890000000000,220.560000000000,
207.580000000000;200.558181818182,215.548181818182,211.408181818182;
439.884545454545,449.474545454545,445.254545454545;238.705454545455,
248.965454545455,244.465454545455;296.643636363636,300.763636363636,
299.743636363636;228.078181818182,235.598181818182,235.438181818182;
201.579090909091,218.889090909091,209.319090909091;320.706363636364,
324.156363636364,323.386363636364;228.079090909090,237.269090909090,
226.169090909090;344.339999999999,349.219999999999,340.249999999999;
318.316363636363,324.156363636363,314.396363636363;403.354545454546,
412.714545454546,405.764545454546];
data.C1=3;
data.C2=4;
data.C3=800;
data.L=10;
data.Cq=800;
data.Ch=1;
data.Cs=4;
data.yita=360;
```

```
data. center = [(max (data. C (:,1)) - min (data. C (:,1)))/2 + min (data. C (:,1)) (max
(data. C(:,2))- min(data. C(:,2)))/2+min(data. C(:,2))];
[pop,ju] = Init(data);
f_begin = fit(pop,data);
if ju = =1
    J_ch = [];
    J_T = [];
    T = 7;
    FF = zeros(1,5);
    POP = [];
    for i=1:5
        disp(['第',num2str(i),'次整体迭代']);
        num_D1 = 150;
        [pop,J_ch,J_T] = improve1(pop,data,num_D1,J_ch,J_T,T);
        num_D2 = 2000;
        [pop,J_ch,J_T,F] = improve2(pop,data,num_D2,J_ch,J_T,T);
        FF(i) = F;
        POP = [POP;pop];
    end
    disp('最终结果为')
    plot(data. C(:,1)',data. C(:,2)',' pr',' MarkerSize',6)
    hold on
    plot(data. Qc(:,1)',data. Qc(:,2)',' sb',' MarkerSize',6)
    hold on
    [~,index] = min(FF);
    pop = POP(index(1),:);
    npop = pop(1:size(pop,2)/2);
    mpop = pop(1+size(pop,2)/2:end);
    ch = unique(npop);
    for i=1:size(ch,2)
```

```
        disp([' 开放的配送中心为' ,num2str(ch(i))])
        index1 = find(npop = = ch(i));
        index2 = mpop(index1);
        S = [index1' ,index2' ];
        S = sortrows(S,2);
        index1 = S(:,1)' ;
        ch_p = data. C(index1,:);
        disp([' 路径为' ,num2str(index1)])
        ch_p = [data. Qc(ch(i),:);ch_p;data. Qc(ch(i),:)];
        plot(ch_p(:,1)' ,ch_p(:,2)' ,' - k' )
        hold on
    end
    legend(' 客户需求点' ,' 配送中心' ,' 路线' )
    title(' 配送中心的最优选址—路径方案简图' )
end
[f_end,f_1,f_2,f_3] = fit(pop,data);
disp([' 初始解成本为' ,num2str(f_begin)])
disp([' 最后成本为' ,num2str(f_end)])
disp([' 选址成本为' ,num2str(f_1),' 库存成本为' ,num2str(f_2),' 运输成本为' ,
num2str(f_3)])
```